西上园
外塘
裡塘
毛竹园
坟
坟
菜园
大塘
小塘
田

中国方言民俗图典系列·第一辑

编委会

国家出版基金项目
NATIONAL PUBLICATION FOUNDATION
"十二五"国家重点图书出版规划项目

中国方言民俗图典系列·第一辑

主编 侯精一 李守业 曹志耘

汤溪方言民俗图典

曹志耘 著

语文出版社
·北京·

图书在版编目（CIP）数据

汤溪方言民俗图典 / 曹志耘著. -- 北京 : 语文出版社，2014.12

（中国方言民俗图典系列. 第1辑）

ISBN 978-7-80241-984-1

Ⅰ. ①汤… Ⅱ. ①曹… Ⅲ. ①吴语—介绍—金华市②风俗习惯—介绍—金华市 Ⅳ. ①H173②K892.455.3

中国版本图书馆CIP数据核字(2014)第231961号

策划编辑 慈 舒 傅雪梅
责任编辑 张双亭
装帧设计 奇文云海·设计顾问
出 版 语文出版社
地 址 北京市东城区朝阳门内南小街51号 100010
电子信箱 ywcbsywp@163.com
排 版 奇文云海·设计顾问
印刷装订 北京顺诚彩色印刷有限公司
发 行 语文出版社 新华书店经销
规 格 787mm × 1092mm
开 本 1 / 16
印 张 18.25
字 数 344千字
版 次 2014年12月第1版
印 次 2014年12月第1次印刷
印 数 1-1,500
定 价 98.00元

010-65253954（咨询） 010-65251033（购书） 010-65250075（印装质量）

〔总 序〕

现代方言民俗文化是中华民族文化的延续、依托。它作为传统文化渗透、蔓延于当今社会生活的多个层面。现代方言民俗文化又是重要的非物质文化遗产资源。随着社会的快速发展，不少方言民俗已经消失或面临消失。因此，调查和挖掘这些非物质文化遗产资源，意义重大，时不我待。

“中国方言民俗图典系列”（第一辑）是2010年度国家出版基金资助项目，2011年列入“十二五”国家重点图书出版规划。第一辑共计十卷，涉及官话、晋语、吴语、徽语、粤语、平话、闽语、客家话等八个方言区。各卷内容主要包括房舍建筑、日常用具、服饰穿戴、饮食起居、农工百艺、婚育丧葬、岁时节令、游戏娱乐、宗教信仰等。

“百里不同风，千里不同俗，户异政，人殊服。”（《汉书·王吉传》）方言民俗是地域文化的重要内容，具有明显的地方性。以民居文化为例，各地多有不同，如北京的四合院，平遥的窑儿、四合头院、二（三）进院，汤溪的屋、老屋，梅州的围龙屋、碉楼，揭阳的四点金、下山虎。“中国方言民俗图典系列”融合现代方言与各地民俗文化，采用方言词语加注国际音标并配以图片的方法，反映和保存现代方言与其所承载的地方民风与民俗，是方言研究与民俗文化研究相结合的有益尝试。

城镇化的发展，势必带来传统村落的消亡，以及与此伴随的民俗文化的消失。“中国方言民俗图典系列”（第一辑）的出版，正是对濒临消失的“一种传统”“一种民族符号”以至“一种语音”的有效保存，无疑具有重要的历史意义与人文价值。以下略举数例：

在《平遥方言民俗图典》中收有“墙围子”“炕围子”两个条目及相关的文字说明和图片。

墙围子 [tɕyə^{13}uei^{31}tsʌʔ^{13}]　房间内墙壁上用油漆制作的装饰性彩色围墙。制作方法是，先以麻纸贴墙，绘画打底，再刷以油漆。其位置在第十八层墙砖之上，高约50厘米。（当地称作“十八层缠腰”）边框多以回纹组成，寓意“富贵不断头”。所绘内容多为山川景致、花卉人物及神话传说，如二十四孝图等。内涵丰富，寓意深厚。

炕围子 [k^{h}uə^{35}uei^{53}tsʌʔ^{31}]　沿炕用油漆制作的彩色围墙图画，既美观且实用，极具装饰性。制作方法及所绘内容与“墙围子”同。

“墙围子”“炕围子”又称作“民间墙围画”。墙围画始于宋代，发展于明清之交，至今流传于山西、陕西、内蒙古等地区。晋北原平县的墙围画素负盛名，中国美术馆曾予以收藏、展出。

从《平遥方言民俗图典》收录的条目与图片中还可看到平遥保存的以“卐”为标识的吉祥文化。如正月初八祭星蜡烛摆成的“卐”字、出殡时曾孙包头上的“卐”字等。“卐”，音wàn，梵文，意为吉祥万德之所集。（见《辞源》《辞海》）“卐”崇拜现象作为传统地域文化的缩影在今平遥随处可见。（冯良珍、陈晨《平遥民俗中的卐崇拜现象探析》，《中原文化研究》2014–2）

《汤溪方言民俗图典》有关于“五道太婆”的记载：“在笔者的家族中，也流传着一个‘五道太婆’[ŋ^{11}də^{11}t^{h}ɑ^{24}bɤ^{0}]的传说，相传她是蛇精所化的神，擅搬运之术。”山西平遥方言有“五道爷”[uʌʔ^{53}tɔ^{35}iɛ^{13}]、“五道娘”[uʌʔ^{53}tɔ^{35}ȵiɑ^{13}]（传说中的神灵）。北京有五道庙，在西城区铁树斜街与樱桃斜街之间的路口处。五道神早在汉魏典籍中就有记载，唐宋以后对该神的信仰已深入民间，到明清时则更为普遍。（薛文礼、郭永平《晋北部落村的五道神：民间信仰的“冷热”反思》，《民族文学研究》2011–3）各地方言民俗有关五道神的不同说法，是宗教文化的历史积淀在不同地域文化中的显现。

“中国方言民俗图典系列”（第一辑）各卷的作者对当地方言文化素有研究，为做好本项目，于紧张的教学之余，多次下去进行调查、拍摄图片，几易其稿，备尝辛苦。限于篇幅，每卷只能选用一定数量的条目及相应的照片，其余只好割爱。我们期待这套书的出版，能引起社会对保存方言及方言民俗文化的关注，尽可能为后人留下一些珍贵的历史文化资料。

侯精一　李守业　曹志耘

于 2014 年初春

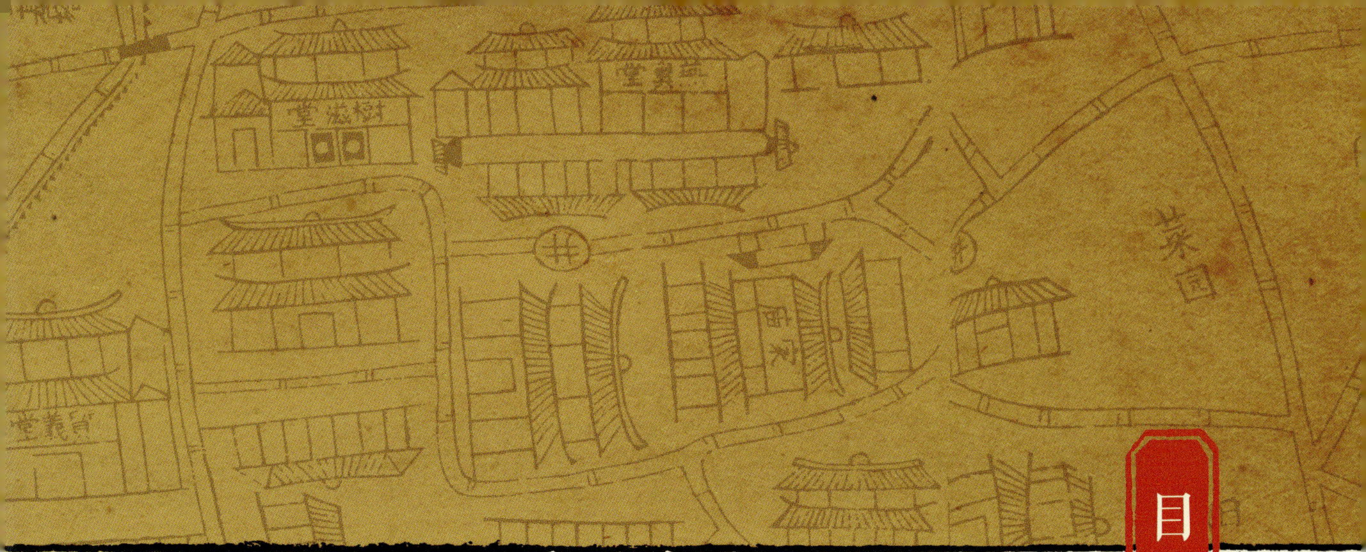

目录

〔引 言〕

一　汤溪

秦置会稽郡太（又作大）末县。乾隆《汤溪县志》:“秦太末县旧址在九峰山下，其城阛街址，历历犹存。”九峰山，当地人称“九峰岩”[tɕiəɯ^{52}fɑo^{24}uo^{0}]（见图 0–1），原名龙邱（又作丘）山。《后汉书 · 郡国志》注引《东阳记》:“县龙邱山有九石，特秀林表，色丹白，远望尽如莲花。龙邱苌隐居于此，因以为名。其峰际复有岩穴，外如窗牖，中有石林。岩前有一桃树，其实甚甘，非山中自有，莫知谁植。”继东汉名士龙邱苌之后，历有晋葛洪、南齐徐伯珍、唐徐安珍、五代贯休等人来九峰山修炼、讲学或读书。唐贞观八年（634 年），太末县易名为龙邱县。五代吴越宝正六年（931 年），钱镠改龙邱县为龙游县，县治西迁至今龙游县境内。

明成化七年（1471 年），析婺州府的金华县和兰溪县、衢州府的龙游县、处州府的遂昌县四县交界地置汤溪县，县治在今汤溪镇。（见图 0–2）历史上属于金华府、金华专区。1958 年，撤汤溪县。除衢江以北的瀔北、北源两个乡以及洋埠乡的滕家圩、洋港、王家、祥里、杨湾等村（原外北区的 10 个庄 90 个村）划归兰溪县以外，其余并入金华县。今属金华市婺城区。

“汤”古为热水义。相传汤溪镇西南山侧有一口池塘，其水热如汤。明太祖朱元璋逃难途中“曾盥手于此”，指为“汤塘”，汤溪建县时遂因之名为“汤溪”[tʰo^{24}tɕʰie^{0}]。当地历来有“先有汤塘，后有汤溪”的说法。

图0－1 九峰岩

汤溪县地图

图0－2 汤溪县地图

本书所说的“汤溪”是指清代汤溪县的范围，大致相当于今金华市婺城区西部的汤溪、蒋堂、罗埠、洋埠、莘畈、岭上、塔石、琅琊、沙畈等乡镇，白龙桥镇的白龙桥和古方（原古方乡），长山乡的石道畈（原石道畈乡），以及兰溪市西南角的游埠、孟湖、赤溪等乡镇的部分地区（原下王、钱村乡）。汤溪位于浙江省中部偏西，介于北纬28° 44'～29° 12'、东经119° 18'～119° 35'之间。东面是旧金华县，南面是武义县和丽水市的遂昌县，西面是衢州市的龙游县，北面是兰溪市。总面积796平方公里，南北长53公里，东西宽27公里。南部为山区，北部为丘陵和平原。山区部分由莘畈源、厚大源、兰贝源三条“源”（山谷中的一条溪流流经的整个区域）组成，在三条源中分别有莘畈溪、厚大溪、白沙溪三条河流，自南向北流入钱塘江的支流衢江和婺江。浙赣铁路、沪昆（杭金衢）高速从北部横贯而过。

1958年，汤溪县人口为12.3万。撤县后人口资料匮乏。根据各相关乡镇人口资料推算，该地区现约有20万人。少数民族主要有畲族，约200人，居住在南部山区。

二　汤溪方言

汤溪自明成化七年（1471年）置县，至1958年撤县，历477年，迄今达530多年，已形成一种独具特色的方言，当地人称之为“汤溪话”。除了汤溪话以外，南部边缘山区还有一些外地方言岛，例如塔石乡的珊瑚、大茗、交椅山、白岩、金牛山、坟岩等村内部说客家话，银岭村内部说吴语兰溪话，这几个村的人都会说汤溪话，有的人还会说遂昌话。此外，南部山区的畲族村落内部说畲话，对外说汤溪话。

旧汤溪县由婺州、衢州、处州三府的金华、兰溪、龙游、遂昌四县边陲之地组合而成，汤溪话应当是四县方言长期接触融合的结果。由于婺州、衢州、处州三府的方言各具特色，差异甚大，而汤溪正好处于三府的交界地带，可以推想三府四县方言在汤溪这块土地上的碰撞曾经是相当剧烈的。正因经过了长达500多年的剧烈碰撞和协调，今天的汤溪话才发展演变成为浙江西南地区的一种独特的方言。

汤溪话以旧汤溪县城汤溪镇的方言为代表。汤溪话内部存在不少差异，例如汤溪、中戴、莘畈、罗埠、琅琊等地的口音各不相同，这可能跟各地原先所属的县有关。但各地之间可以互相通话。

在汤溪话的边缘地带，当地的汤溪话跟邻县的方言之间有一些相近之处，然而就汤溪话的整体而言，汤溪话跟它周围的金华话、兰溪话、龙游话、遂昌话均相差甚远，其中跟遂昌话的差别最大。一个从未或很少接触过邻县方言的普通汤溪人，到相邻的非汤溪话区去，基本上无法通话。如果这个人与外界的接触比较多并且有一定的文化水平，他听金华、兰溪、龙游方言勉强能听懂一半左右，遂昌话则完全听不懂。而一个同样情况的邻县人，听汤溪话大概只能听懂百分之二三十甚至更少。至于其他地方的人，听汤溪话就完全听不懂了。汤溪话与金华话的主要差别，参看曹志耘《金华方言词典》第4页（江苏教育出版社，1996年）。

汤溪话把“怎么”说成“哈么”[$xa^{24}mɤ^{0}$]。金华等地人用“哈么”[$xa^{24}mɤ^{0}$]讥笑汤溪人，甚至称汤溪人为“汤溪蛤蟆”。

最近几十年来，随着文化教育的普及、大众传媒的影响、交通条件的改善以及经济的发展，汤溪话也发生了不少变化，这种变化主要体现在文读音和新词语的增多上。现在的年轻人基本上都会说不同程度的普通话，有的人还会说金华话。少年儿童的普通话水平很高，即使在村里、家里也常常说普通话。

三　凡例

1. 记音依据

笔者老家在汤溪镇岩下村。岩下村位于汤溪镇西南著名的九峰岩下面，距汤溪镇5公里。岩下村方言与中戴一带相同，与汤溪镇、厚大源一带的方言有所区别。本书方言记音以岩下村老年人的方言为准。

2. 图片来源

本书收录汤溪方言民俗图片共计527幅。

这些图片主要是近几年在岩下村拍摄的，也有一部分是在旧汤溪县范围内其他地区拍摄的，主要是岩下村附近的寺平、上境、汤溪等地和塔石一带山区。少数图片拍摄于20世纪90年代。

图片拍摄者主要为作者本人。个别图片由他人提供，注明拍摄者姓名，例如“7–11 磨豆腐（傅惠钧摄）”。书中地图由作者本人绘制。

3. 内容分类

本书所收汤溪方言民俗条目按内容分为9大类27小类：

（1） 房舍建筑：住宅、其他建筑

（2） 日常用具：炊具、卧具、桌椅板凳、其他用具

（3） 服饰穿戴：衣裤、鞋帽

（4） 饮食起居：主食、副食、菜肴、起居

（5） 农工百艺：农事、农具、手工艺、商业

（6） 婚育丧葬：婚育、丧葬

（7） 岁时节令：春节、元宵节、清明节、端午节、其他节令

（8） 游戏娱乐：游戏、戏剧曲艺

（9） 宗教信仰：祖先神鬼、民间活动

为了阅读方便，把一些关系特别密切的条目（图片）放在一起，例如把“犁”放在农事类“耕田”条下面（而未放入农具类）。

4. 体例

（1） 每个大类开头先用一段短文对本类方言民俗现象做一个概括性的介绍。

（2） 每个条目一般包括方言词、正文、图片三部分。少量条目只有方言词和正文，没有图片。

（3） 方言词先写汉字，再注国际音标。

（4） 正文中出现的方言词用引号标出，并在一节里首次出现时注国际音标，对方言词的注释用“（ ）”表示；在一节里除首次出现外，其他场合只加引号，不再注音释义。为便于阅读，一些跟普通话相同或相近的方言词，在同一节里除首次出现外，不再加引号。

（5） 图片下面标图号和图名，各图单独、连续编号，例如“1–47 凉亭”，短横前面的数字表示大类，短横后面的数字是该大类内部图片的顺序号。

（6） 同音字在字的右上角加等号“=”表示，例如：答$^{=}$[tɤ^{55}]（坛子）。无同音字可写的音节用方框“□”表示，例如：□[tɕ^{h}iɑoŋ^{55}]（钹）。

（7） 方言词记实际读音，如有变调、儿化音变等现象，一律按连读音记，轻声调值一律标作“0”，例如：老屋[lə^{11}ɔ^{55}]（“老”单字音[lə^{113}]）| 糕儿[kəŋ^{24}]（“糕”单字音[kə^{24}]）。主要音变规律可参看本书“汤溪方言音系”。

壹·房舍建筑

汤溪的传统建筑从功能上可分为民居、官衙、商铺、作坊以及其他公共建筑。汤溪县已于1958年撤销，所以官府衙门保存下来很少。汤溪地处偏僻，交通不便，经济落后，商业、娱乐历来不发达。因此，最主要的建筑仍然是老百姓的普通民居及其附属建筑物。

汤溪位于平原与山区交接地带，中间分布着大片黄土丘陵，世世代代以农业生产为主，这决定了当地民居的结构、原料以及风格特色。（见图1－1）从结构上说，正房一般为三间二层，有房无院，朝向不一，一层住人，二层储物。原料就地取材，主要利用木头、石头、黄土以及由黄土烧制而成的砖瓦，其中石头垒基，黄土筑墙，木头搭架，成为当地建筑的基本样式。建筑风格自然朴实，黄墙黑瓦，错落有致，与山水田园相辅相成，浑然一体，部分豪华建筑上的马头墙、门楼、砖雕、木雕等体现了徽派特色。

一些富裕大村（例如汤溪镇的寺平村、上境村）尚保留较多明清时期的豪华建筑，一些偏僻山村尚保留少数传统风貌的普通民居。随着现代化和新农村建设步伐的加快，传统民居正被大量推倒，取而代之的是与全国各地一模一样的新式楼房。未被推倒的则按要求统一粉刷成白色，原先与土地同色的村庄顿时煞白刺眼。而那些千百年来与农耕文化、手工生产相适应的建筑物例如水碓、碾坊、油坊、凉亭等已基本消失。

图1－1 乡下

一　住宅

屋 [ɔ^{55}]

汤溪农村的传统民居为泥墙、黑瓦、木架，三间、二层。一层中间开一个大门，进门后是“中心间”[tɕiɑo^{33}sei^{24}kuo^{0}]（堂屋。见图 1–9），两侧是“房”[vɑo^{11}]（卧室），堂屋和卧室之间用“板壁”[mo^{52}pei^{55}]隔开。二层叫作“楼”[ləɯ^{11}]，用木板铺成，盛放粮食、家具、杂物。传统民居就地取材，因势而建，与周围环境浑然一体。如今这种房子已逐渐弃用或拆毁，被新式的“洋房屋”[io^{33}fɑo^{33}ɔ^{55}]所取代。

图1－2 屋（群体）

图1－3 屋

老屋 [lə^{11}ɔ^{55}]

“老屋”是指明清时期遗留下来的徽派建筑风格的砖瓦结构民居。墙体用大块灰砖砌成，外表抹以石灰（经日晒雨淋后都已变成灰色），带简易的门楼和马头墙。一般的“老屋”整体和内部结构跟图 1–3 的“屋”没有什么区别。豪华的则有两进甚至三进，进和进之间有天井，门楼高大，地面光洁，雕梁画栋。“老屋”造价高，气派大，坚固耐用，只有富裕人家才盖得起，为数很少，很多村子没有这种房子。

图1－4 老屋

汤溪镇寺平、上境等村明清建筑众多，保存较好。寺平村现有古民宅数十座，厅堂8座，已发展成为远近闻名的古村落旅游景点。（见图 1–5）

图1－5 寺平村的“老屋”

砖雕和木雕是汤溪古建筑普遍而突出的特色。其中寺平村砖雕工艺精湛，保存完好，被誉为“中国最漂亮的砖雕民居村”。汤溪砖雕规模大，分布广，图文并茂，题材多样。此外，汤溪砖雕为泥坯雕，而非其他地方常见的熟砖雕，烧窑技术难度大。在“老屋”的门、窗、屋脊、檐下等处，砖雕随处可见，不过最集中、最精美的砖雕见于门楼。（见图 1–6）最精美的木雕构件要数“牛腿”[ȵiəɯ^{33}t^{h}ɛ^{535}]。“牛腿”用于主要柱子与横梁的衔接处，上面雕有人物、动物、花草甚至戏曲故事情节。（见图 1–7）

图1－6 “老屋”上的砖雕（四字为“福禄寿喜”）

图1－7 牛腿

铺 [p^hu^{52}]

“铺”也叫“茅铺”[$mə^{113}p^hu^0$]。用茅草或稻草盖顶，只有一层，狭小低矮。以前是山区较常见的一种民居，甚至不少村子因此得名，例如“大铺”“上铺”“中铺”“铺上”等。“铺”现已几近绝迹，个别仅存的也只用作猪圈、厕所，或用于堆放柴草等杂物。

图1－8 铺

中心间 [$tɕiɑo^{33}sei^{24}kuo^0$]

“中心间”也叫“中央间”[$tɕiɑo^{33}io^{24}kuo^0$]。汤溪民居一般为三间，当中的一间即为“中心间”。“中心间”是吃饭、待客、活动的场所。一般墙的正中挂着大幅年画和对联，靠墙放一个狭长的案子，前面是一张八仙桌，四条板凳。有的房子在“中心间”的后面辟一小窄间，里面架着上二层的楼梯。

图1－9 中心间

图1－10 镬前屋

镬前屋 [uo^{11}sie^{33}ɔ^{55}]

汤溪话把锅叫作“镬”[uo^{113}]，把厨房叫作“镬前”[uo^{113}zie^{0}]，“镬前屋”即作厨房的屋子。厨房一般搭建在正房的一头（见图 1–10 右侧的矮房），有的搭建在正房一侧的前方，还有的就在正房里面垒一个灶当厨房。

屋瓦背 [ɔ^{52}uo^{11}pɛ^{52}]

“屋瓦”[ɔ^{52}uo^{113}]即瓦，“屋瓦背”指房顶。传统民居的房顶都是“人”字形，两面坡。屋脊部分先用一种叫“覆栋瓦”[p^{h}ɔ^{52}nɑo^{33}uo^{113}]的长瓦覆盖在栋上，再用瓦或砖密集压牢。旧式的瓦是小黑瓦，叫“细瓦儿”[sia^{33}uŋ^{341}]。（见图 1–11）后来兴起一种较大

图1－11 屋瓦背

图1－12 树皮的“屋瓦背”

的红瓦，叫“红瓦”[ɑo^{33}uo^{113}]，也叫“长筒瓦”[tɕio^{33}tɑo^{33}uo^{113}]。（见图 1–10）还有一种长方形、带沟槽、相互扣连的瓦，叫“洋瓦”[io^{33}uo^{113}]，多用于公房。

在山区，一些简易建筑物除了用稻草盖顶（见图 1–8）以外，还有使用树皮、竹片盖顶的。树皮一般是大杉树的皮，压成长条形后平铺在房顶。（见图 1–12）竹片是把大毛竹劈成两半，把里面的竹节去掉，成为半圆筒形，竹片与竹片双向相扣就构成一行行的瓦垄。

稿苫 [kə^{52}ɕie^{24}]

“稿苫”即苫。多用稻草编成，因此也叫“稻秆苫”[də^{11}kɤ^{52}ɕie^{24}]。用来盖在屋顶或挂在墙上遮挡风雨，现很少见。（参见图 1–8）

图1－13 稻秆苫

图1－14 糊泥墙

糊泥墙 [u^11^ȵiɑ^113^zɤ^0^]

“糊泥墙”是汤溪最常见的一种墙体。“糊泥”[u^113^ȵiɑ^0^]，又读作[u^113^ȵie^0^]，意即泥土。用来筑墙的泥土是一种黏性较大的黄土，筑墙时倒入架在墙上的模具内，用杵夯实。一层层、一圈圈地往上夯。这种方法在北方叫“干打垒”。泥墙夯成之后，一般还要用较细腻的黄土把墙面拍打平滑，以使更加美观。如有条件，则用石灰粉刷一新。（见图 1–11）

为使墙体稳固，筑墙基时要深挖数尺，并用石头垒成墙脚，叫作“打石脚”[na^52^za^11^tɕio^55^]。“糊泥墙”就筑在“石脚”上。（见图 1–14）

除了常见的砖墙和泥墙以外，也有个别房子的墙体是用石头垒成的，即“石头墙”[za^11^dəɯ^113^zɤ^0^]。（见图 1–15）有的一层为泥墙，二层用竹篾编成，再在外面涂一层泥巴。（见图 1–16）按汤溪话的习惯，这种墙应该叫作“竹墙”[tɕiɔ^55^zɤ^0^]。但实际上很少听到这种说法，因为这种墙太少见了。

图1－15 石头墙

图1－16 竹墙

图1－17 马头

马头 [mo^{11}dəɯ^{11}]

“马头”即马头墙。马头墙威武、凝重、气派，具有重要的装饰作用，一些重要建筑如祠堂、厅堂、庙宇等通常都带多重马头墙。（见图 1–17）而普通民居一般不带马头墙，但也有的带一层简易的马头墙。（见图 1–18）总的来说，马头墙在汤溪不算是普及性的建筑样式，一些古老的马头墙也因年久失修，而失去了往日的风采。

图1－18 普通民居上的“马头”

图1－19 大门

图1－20 □门儿 [gɑ^{11}maiŋ^{113}]

大门 [dɤ^{113}mai^{0}]

“大门”即正门。汤溪民居的大门由门框、门楣、门槛和两扇门板构成，门槛叫作“门床儿”[mai^{33}k^{h}uŋ^{52}]。大门的右侧一般开着一个狗洞，叫“狗乱穿”[kɯ^{52}lɤ^{11}tɕ^{h}iai^{52}]，以便关门时狗可自由出入。图 1–19 是最普通、最常见的大门。有的人家在大门外面还安有两扇半截矮门，叫“□门儿”[gɑ^{11}maiŋ^{113}](见图 1–20)，既利于采光通风，又可防止鸡鸭等进入屋内。

门盖 [mai^{113}kɛ^{0}]

豪华的大门一般采用厚石条作门框和门楣，在门的上方建有大小、繁简不一的门楼。跟马头墙一样，门楼这种建筑样式在汤溪不太普遍，很多人不知道它叫什么，塔石一带把它叫作“门盖”。图 1–21 是寺平村一座厅堂上的豪华门楼，图 1–22 是一座“老屋”上的普通门楼。

当地人喜欢在门楼上(如果没有门楼，就在门楼位置)写一个四字吉祥语，例如“紫气东来”“耕读家风”“钟灵毓秀”等。(见图 1–23) 在传统的砖雕门楼上，这些字常常被雕刻成高度艺术化的字体，一般人难以辨认。(见图 1–6)

图1－21 门盖

图1－22 简易的“门盖”

图1－23 “门盖”处的横幅

门换⁼ [mai^{113}uo^{0}]

也叫“换⁼”[uo^{341}]。一根比门稍长的木头，把大门关上后，竖着插在两扇门板拼合的地方。横插的门闩叫作“闩”[ɕiɤ^{24}]。

细门儿 [sia^{33}maiŋ^{24}]

普通民居除了正门（“大门”）以外，还在房子的一侧靠近前墙的地方开一个侧门，叫作“细门儿”。“细门儿”只有一扇门板。（见图 1–25 右侧）

图1－24 门换⁼

图1－25 细门儿

车门 [$ts^{h}o^{24}mai^{0}$]

院门一般比较宽大，上带顶棚。可能是因为院门较大，可供车子通行，所以叫作“车门”。“车门”相对而言不太重要，所以有些“车门”是用竹子编成的。(见图 1–27) 因为土地稀缺，从总体上说带院子的房屋很少。

“车”是个多音字，读[$ts^{h}o^{24}$]时专门指水车。此外，还用于“风车”[$fao^{24}ts^{h}o^{0}$](一种吹净谷物的农具) 等词。其他场合“车”字一般读[$ts^{h}a^{24}$]，例如“汽车”“双轮车”“坐车”。

图1－26 车门

图1－27 竹门

图1－28 八字门

八字门 [po^{52}zɿ^{113}mai^{0}]

大门往院内或屋内收入一定距离，两旁分别往外斜出，呈“八”字形状。这是一种较为讲究和气派的门，一般见于大户人家。

排门 [mɑ^{113}mai^{0}]

临街用作商铺的房屋，一层的门面部分由一排门板拼装而成，白天做买卖时可以全部卸下来，晚上安上以后就成为一堵墙。这一排可拆卸的门就叫作“排门”。

图1－29 排门

楼门 [ləɯ^{113}mai^{0}]

山区的房子一般建在山坡上，房子后面的地面往往比前面高出好几米，有很多与二楼差不多高。山民为了出入方便，干脆在二楼的后墙上开一个门，用木板把二楼和房后地面连接起来。由于这个门开在楼上，所以叫作“楼门”。

图1－30 楼门

床 [$k^h uo^{535}$]

床，《广韵》上声豏韵苦减切，“牖也。一曰小户”。汤溪民居一般为三间二层结构，当中一间前开大门，后不设窗，两侧两间一二层各设一窗，前后各设四窗。（见图 1–3）出于防风、防盗的考虑，窗户较小，二层的窗户更小。传统窗户的窗格子和窗扇均为木制，窗格子叫作“床齿”[$k^h uo^{52} ts^h ɿ^{535}$]，窗扇叫作“床门”[$k^h uo^{52} mai^{11}$]。（见图 1–31）

图1－31 床

图1－32 床盖

带门楼的房屋，窗户上边往往也建有类似门楼的顶子，有的甚至带精美的砖雕。这个部件有人叫作“床盖”[$k^huo^{52}k\varepsilon^{52}$]”。（见图 1–32）

天井 [$t^hie^{33}tsei^{535}$]

两进房屋之间设一个“天井”，以便雨水下泄，同时利于采光。（见图 1–33）天井的地面部分叫作“明堂”[$mei^{113}do^0$]，一般用青石板铺成，中间是与地面持平的石板，四周是排水沟，叫作“明堂坑”[$mei^{33}to^{24}k^ha^0$]。（见图 1–34）

图1－33 天井

图1－34 明堂

图1－35 弄堂

图1－36 鹅卵石铺的“弄堂”

弄堂 [lɑo^{113}do^{0}]

即胡同。因为土地稀缺，当地的胡同都比较狭窄，有的胡同旁边还伴有在村中绕行的小水渠，以便村民洗刷取水。（见图 1–35）一些讲究的胡同，用青石板或鹅卵石铺设而成。（见图 1–36）汤溪话有一句歇后语为“弄堂里背毛竹——直来直去”[lɑo^{113}do^{0}li^{0}pɛ^{33}mə^{33}tɕiɔ^{55}——dʑiɛ^{11}lɛ^{11}dʑiɛ^{11}k^{h}əɯ^{52}]，意为性格耿直，说话直爽。

姓 [sei^{52}]

汤溪话把村庄叫作“姓”，或“农家姓”[nɑo^{33}kuo^{24}sei^{0}]，“农家”[nɑo^{113}kuo^{0}]即“人家”。最初的村庄一般是由同一个家族的人聚居而成的，一个村就是一个姓，当地很多村名都是带姓的，例如“蒋堂”“施家”“王村”“吴庄”“苏坑”“曹界”“中戴”“上叶”“下伊”“东祝”“西夏”“姓李”“山下陈”“青阳洪”“禾边程”等。

汤溪位于金衢盆地和仙霞岭交接地带（见图1–37），平原、丘陵、山区交错分布，大部分地区为山区。村庄一般较小，房屋密集，因势而建，错落分布，无统一朝向，不像北方农村那样整齐划一。（见图1–38）

图1－37 姓（岩下村）

图1－38 山区的“姓”

二　其他建筑

东司 [nɑo^{24}su^{0}]

即厕所。一般建在与住宅有一定距离的地方，但没有固定的方位，有的建在屋后僻静之处，有的就建在大路旁边，有的村很多家厕所相连成片。厕所建筑简陋，图 1–39 有屋顶，有矮墙，还有可以坐着大便的木头架子，是比较好的。无顶棚的厕所叫作“仰天东司”[ȵio^{11}tʰie^{33}nɑo^{24}su^{0}]。作为厕所的房子叫作“东司屋”[nɑo^{33}su^{33}ɔ^{55}]。

“东司”一词很少见于其他方言，但日本某些古老寺院里的厕所也叫“东司”（见图 1–40），京都东福寺的一个“东司”甚至被指定为“重要文化财”（重要文物）。宋代禅宗文献里有“东司”的用法，例如《五灯会元》卷四：“师在东司上，见远侍者过，蓦召文远，远应诺。师曰：东司上不可与汝说佛法。”日本寺院的“东司”也许与我国古代佛教中的“东司”有关，但为何汤溪话保留了“东司”的说法，仍是一个未解之谜。

图1－39 东司

图1－40 日本福井永平寺里的“东司”

粪缸 [fai^{33}kuo^{52}]

“粪缸”的用处跟“东司”差不多，只是更简陋一些。有的人家没有“东司”，就买一只陶制的大缸，用来上厕所、盛粪便。在山区，也有使用大木桶的。

图1－41 粪缸

栏 [lo^{11}]

“栏”即养猪、关牛的圈。猪圈叫“猪栏”[tsʅ^{24}lo^{0}]，牛圈叫“牛栏”[ȵiəɯ^{113}lo^{0}]。作为猪圈的屋子叫作“猪栏屋”[tsʅ^{33}lo^{33}ɔ^{55}]，作为牛圈的屋子叫作“牛栏屋”[ȵiəɯ^{33}lo^{33}ɔ^{55}]。猪圈一般搭建在住宅旁边，也有的建于住宅内，以前几乎每家都养猪，都有猪圈。但一个村子里一般只有个别牛圈。

图1－42 牛栏

图1－43 鸡栖

图1－44 鸡笼

鸡栖 [tɕie^{24}sɛ^{0}]

“鸡栖”的外形像一个卧柜，一头有一个可以开关的闸门，晚上鸡“上栖”[ʑio^{11}sɛ^{52}]（进窝）后，把闸门放下，以防黄鼠狼等偷吃。俗话说“野猫守鸡栖”[iɑ^{11}mə^{11}i^{52}tɕie^{24}sɛ^{0}]，指监守自盗。与“鸡栖”功能相同的，还有一种用竹子编成的笼子，叫作“鸡笼”[tɕie^{24}lɑo^{0}]（见图 1–44）。不过，鸭、鹅等家禽一般没有这种专用的住处。

井 [tsei^{535}]

“井”在当地十分普遍，汤溪镇的街上就有一口双眼井，蒋堂镇下汪村有一口八角井。井壁用石头砌成，井口用石箍围成。随着自来水的普及，水井已逐渐弃用。

图1－45 井

图1－46 钟亭

亭 [dei^{11}]

一些村的村头或村中建有亭子。图 1–46 是罗埠镇下章村的“钟亭”[tɕiɑo^{24}dei^{0}]，原为章氏宗祠里的一个建筑，现宗祠已毁，仅剩该亭。

凉亭 [lɤ^{113}dei^{0}]

“凉亭”建在乡间大路上，供人休息、避雨、聊天，有的凉亭还有人施舍茶水。是一种公益性建筑。

图1－47 凉亭

牌楼 [bɑ^{113}ləɯ^{0}]

汤溪话把牌楼和牌坊都叫作“牌楼”，有“进村牌楼”[tsei^{33}tsʰɤ^{24}bɑ^{113}ləɯ^{0}]（建于村口的）、“骑街牌楼”[tɕi^{33}kɑ^{24}bɑ^{113}ləɯ^{0}]（横跨在街道上的）、“进士牌楼”[tsei^{33}zɿ^{113}bɑ^{113}ləɯ^{0}]、“节妇牌楼”[tsia^{52}vu^{113}bɑ^{113}ləɯ^{0}]等。一些村在村口建有“牌楼”，图 1–48 是汤溪镇宅口村的牌楼，四柱，三层，挑檐，气势雄伟，石雕精美。图 1–49 是洋埠镇湖前村的进士坊，明朝所建，上刻“恩荣”“进士坊”。用于表彰忠孝节义的牌坊较少见，图 1–50 是下章村的节孝牌坊，建于清道光七年（1827年），上刻“节孝”“矢志完贞”“为故民章希和妻郑氏立”。

图1－48 牌楼

图1－49 进士牌楼

图1－50 节妇牌楼

水碓屋 [ɕiei^{52}tɛ^{33}ɔ^{55}]

“水碓”[ɕiei^{52}tɛ^{52}]是舂米的器具，用水力带动木杠和石柱，舂石臼里的稻谷。溪边的村子多建有水碓，例如汤溪镇陶寺村原来就有一座“水碓屋”，现在都已毁弃不用。有些村名中就含“水碓”或“碓”，例如汤溪镇的“李水碓”“胡碓”、沙畈乡的“水碓基”、琅琊镇的“水碓”。

碾屋 [ȵie^{11}ɔ^{55}]

即碾坊，“碾谷”[ȵie^{11}kɔ^{55}]（把稻谷碾成米）的地方。碾磙子叫作“碾齿”[ȵie^{11}tsʰɿ^{535}]，底盘叫“碾盘”[ȵie^{11}bɤ^{11}]，碾盘上面倒稻谷的容器叫“碾斗”[ȵie^{11}təɯ^{535}]，碾盘边缘出米的木槽叫“碾槽”[ȵie^{11}zə^{11}]。碾磙子由牛拉动。以前缺少水力的地方多建有“碾屋”。

图1－51 散落的“碾齿”

图1－52 废弃的“麻车”

麻车屋 [mɤ^{33}tsʰo^{33}ɔ^{55}]

即油坊，榨油的地方。榨油的器具叫作“麻车”[mɤ^{113}tsʰo^{0}]，榨油就叫“打麻车”[na^{52}mɤ^{113}tsʰo^{0}]。汤溪镇有个叫“油麻车”的村子，以前该村有一台“麻车”。

图1－53 瓦灶

瓦灶 [uo^{11}tsə^{52}]

古代婺州地区窑场遍布，史称“婺州窑”。婺州窑瓷器以青瓷为主，兼烧黑釉、褐釉、花釉、乳浊釉和彩绘瓷，主要产品为盘口壶、罐、碗、盆、碟、水盂、盏托、瓶等日用器皿。婺州窑始烧于汉，盛于唐宋，终于元代。如今能见到的窑有两种，一种是圆形的，主要烧瓦，也烧砖，叫作“瓦灶”。另一种是长形的，烧缸、坛、钵等陶器，叫作“窑”[iə^{11}]。汤溪现在没有烧碗的窑了。

桥 [dʑiə^{11}]

传统木桥用“八”字架支撑，上铺木板，叫作“桥皮”[dʑiə^{113}bi^{0}]或“桥板”[tɕiə^{33}mo^{535}]。为防止洪水把木桥冲走，在桥的两端各置一巨石，用粗铁链把整座木

图1－54 桥

图1 - 55 无架的“桥”

桥的各个部分都拴在一起，系于巨石之上。（见图 1–54）不过也有不用支架，直接把桥板铺在石墩上的。（见图 1–55）更简易的就是“丁埠”[nei^{24}bu^{0}]了，“丁埠”是用石墩间隔排列于河中形成的过河设施。

转虹桥 [tɕiɤ^{52}ɑo^{113}dʑiə^{0}]

即石拱桥。弧形的桥洞叫作“虹”[ɑo^{11}]，桥墩叫作“桥搭”[tɕiə^{33}to^{55}]。这种桥建设难度较大，比较少见。

图1 - 56 转虹桥

水笕 [ɕiei^{52}tsie^{535}]

“水笕”是安在大门上方屋檐下的一段水槽，一般用毛竹剖开制成，作用是接住檐口淌下来的雨水，防止滴到出入大门的人身上。（见图 1–57）“笕”是见母字，但汤溪话不读[tɕ]声母而读[ts]声母。

“水笕”有时也作为一种引水器具安在田间，作用相当于渡槽，此时叫作“水桥”[ɕiei^{52}dʑiə^{11}]。（见图 1–58）

图1－57 水笕

图1－58 水桥

图1-59 稻院

稻院 [$də^{11}iɤ^{341}$]

也叫“稻院基”[$də^{11}iɤ^{11}tɕi^{52}$]，即场院。有的有围墙，有的只是一片平坦的空地。以前也是小孩做游戏、玩耍的场所。

贰·日常用具

汤溪话把日常用具叫作“手用家伙”[ɕiəɯ^{52}iɑo^{11}kuo^{33}xuɤ^{535}]，汤溪的“手用家伙”主要包括炊具、卧具、坐具、灯具、储具等。图2-1是“答=”[tɤ^{55}]（坛子）等陶器。

对老百姓来说，温饱一直以来都是他们的头等大事。因此，“镬头”[uo^{113}dəɯ^{0}]（灶）在人们的生活中具有核心地位，甚至含有神圣的意味。村民之间发生纠纷，最具有威胁性的话是“掘镬头”[guɛ^{11}uo^{113}dəɯ^{0}]，意即要去人家家里把灶给扒了。汤溪话把串门儿叫作“数镬头”[ɕi^{52}uo^{113}dəɯ^{0}]，既形象生动，又体现了灶的重要性。

每家每户都会有一张八仙桌。八仙桌放在堂屋正中，既是全家人吃饭的地方，也是大家围聚在一起议事或聊天的地方，过年过节时又是摆放祭品的地方，因此是具有象征意义的重要家具。

传统的日常用具基本上都是就地取材，自给自足。因为汤溪大部分地区地处山区、丘陵地带，盛产树木和毛竹，所以绝大多数用具不是木制品就是竹制品，甚至连脸盆、饭碗都不例外。而毛竹生长迅速，成本低廉，故竹器尤多。此外，其他植物也被人们采集起来，加工成各种用具，例如用稻草编成蒲团，用麦秸编成扇子，用芒穗扎成扫帚。这些朴实无华的手工制品，体现了当地居民的勤劳和智慧。

然而，随着工业化的到来，越来越多的手工制品被批量生产的铁器、塑料品所取代，那些沿用多年的竹木器具很多都已弃之不用，甚至早已化为灰烬了。饱含工匠汗水的手工制品，即使在农村，也正在日益减少。

图2-1 答=

一　炊具

镬头 [uo^{113}dəɯ^{0}]

汤溪话把锅叫作“镬”[uo^{113}]，把灶叫作“镬头”。灶用砖垒成，表面用石灰粉刷，现在也有贴瓷砖的。有的灶上面有“烟囱”[ie^{24}tɕ^{h}iɑo^{0}]，有的没有。灶膛叫作“镬孔”[uo^{11}k^{h}ɑo^{535}]或“镬孔洞”[uo^{11}k^{h}ɑo^{52}dɑo^{341}]，烧火就叫“烧镬孔”[ɕiə^{33}uo^{11}k^{h}ɑo^{535}]。

图2－2 镬头

镬孔下 [uo^{11}k^{h}ɑo^{52}uo^{113}]

烧火的地方叫作“镬孔下”。一般要在灶膛前面用石板或砖块围一个小池子，用来盛柴灰，叫作“灰塘”[xuɛ^{24}do^{0}]。“镬孔下”还放着各种烧火的用具，通常有“火夹”[xuɤ^{52}guo^{113}]（夹柴火的铁钳子）、“火锨”[xuɤ^{52}ɕie^{24}]（铲柴灰的铁锨）、“火掭”[xuɤ^{52}t^{h}ie^{52}]（拨柴火的铁叉）、“火筒”[xuɤ^{52}dao^{11}]（吹火筒）和“炭答$^{=}$”[t^{h}o^{33}tɤ^{55}]（盛木炭的坛子）等。其中“火筒”是用毛竹把节打通后制成的。（见图 2–5）汤溪话有

图2－3 烧镬孔

图2-4 火夹，火锹，炭答⁼

图2-5 火筒

一句歇后语“檵七⁼个火筒——捅弗空”[tɕie^{52}tsʰei^{55}kə^{0}xuɤ^{52}dɑo^{11}——tʰɑo^{52}fɛ^{52}kʰɑo^{24}]，“檵七⁼”[tɕie^{52}tsʰei^{55}]是一种硬灌木，比喻不会开窍。还有一句俗话“农孬埋怨火筒”[nɑo^{11}zɑo^{11}mai^{113}iɤ^{0}xuɤ^{52}dɑo^{11}]，比喻人没本事却埋怨工具不好。

镬 [uo^{113}]

以前的灶一般包括三口锅。最大的是“两尺六”[lia^{11}tɕʰiɛ^{52}lɔ^{113}]，直径为市尺二尺六寸，故名，多用来煮猪食，所以也叫“泔镬”[kɤ^{33}uo^{24}]。其次是“两尺儿”[lia^{11}tɕʰieŋ^{55}]，直径为二市尺，多用来煮米饭。较小的是“铁勺”[tʰia^{52}ʑio^{113}]，用来炒菜。此外，还有一种比“铁勺”更小的，多放在活动的小炉子上炒菜，叫“细铁勺儿”[sia^{33}tʰia^{52}ʑiuŋ^{341}]。现在家里不养猪了，一般只有两口锅。

锅盖叫作“镬盖”[uo^{11}kɛ^{52}]或“镬半盖”[uo^{11}mɤ^{33}kɛ^{52}]。有的大锅的锅盖是由两块

图2-6 镬盖

半圆形的盖拼合而成的（见图 2–6 右侧），这可能是“镬半盖”一词的由来。除了平盖以外，还有一种周围有很高的边沿的盖（见图 2–6 左侧），叫“汽盖”[tɕʰi^{33}kɛ^{52}]，一般在蒸食物时使用。这种锅盖现在也有铝的了。（见图 2–2）

图2－7 茶罐

茶罐 [dzo^{113}kuo^{0}]

“茶罐”是一种陶制的大水壶，也叫“茶壶”[dzo^{113}u^{0}]。一般把它坐在或挂在灶膛口的上方，借灶膛里的火苗烧开水用。有时也放在“灰塘”里的炭灰上“炖”[nai^{24}]（这里读阴平），叫作“炖茶”[nai^{24}dzo^{0}]。不过，“炖茶”是很慢的，急着要喝开水时就会说“等茶弗会滚，等儿弗会大”[nai^{52}dzo^{11}fɛ^{52}ɛ^{11}kuai^{535}，nai^{52}ŋ^{11}fɛ^{52}ɛ^{11}dɤ^{341}]，喻指越盼望着就越难以实现。现在的灶一般把烧开水用的铜壶（叫“铜汤罐”[tɑo^{33}tʰo^{24}kuo^{0}]）直接安在灶膛口（见图 2–6“汽盖”左前方部位），不再用“茶罐”烧开水了。

图2－8 盛凉开水的“茶罐”

跟紫砂壶相似，这种“茶罐”透气性很好，酷暑时节把开水盛在里面，可以保持冰凉清爽，现在多用来盛凉开水。

汤瓶 [tʰo^{24}bei^{0}]

一种陶罐，有嘴，一般用来盛开水。汤溪话有个成语叫作“汤瓶答⁼瓮”[tʰo^{33}pei^{33}tɤ^{52}ɑo^{52}]，泛指坛坛罐罐。

图2－9 汤瓶

图2－10 饭甑

饭甑 [vo¹¹tɕiai⁵²]

即甑子，用于蒸较多的米饭，例如在婚丧喜事上、酿酒的时候，平时在饭店里较为常用。

图2－11 蒸笼

蒸笼 [tɕiai²⁴lɑo⁰]

用于蒸馒头、包子、“馃”[kuɤ⁵³⁵]（见图7–40）、“糕儿”[kəŋ²⁴]（见图7–52）等食物，几乎每家必备。

图2－12 饭钵

饭钵 [vo¹¹pɤ⁵⁵]

本地煮米饭的过程是，把大米和水放在铁锅里，煮至七八成熟时把米饭捞出来，盛在“饭钵”里，把“饭钵”坐在“灰塘”的炭火上，周围也用炭火培至约三分之二的高度，以便慢慢焖熟和保温，叫作“炖饭”[nai²⁴vo⁰]。“饭钵”是陶制品，现在很少用。

图2－13 蒲包

蒲包 [bu¹¹³pə⁰]

用蒲草编织成的口袋，装米饭用。在山区干活，山高路远，中午回不来，因此早上出门时把米饭装在“蒲包”里，中午就在野外吃。现在已无人使用。汤溪话形容某人饭量很大，也称为“蒲包”，有如外地称“饭桶”。

图2－14 菜筒，茶筒

菜筒 [tsʰɛ²⁴dɑo⁰]

用毛竹做成，有盖，装菜用。（见图2–14左侧矮的）

茶筒 [dzo¹¹³dɑo⁰]

用毛竹做成，装开水用。筒的部分正好是一节竹子，上方钻一个小孔，供开水灌入或倒出。（见图2–14右侧高的）

以前到离家很远的地方干活时，要用“蒲包”“菜筒”“茶筒”带上饭菜、开水，以便在外面用餐。现在已无人使用。

图2－15 水桶

水桶 [ɕiei52dɑo113]

以前没有自来水，要用“水桶”到井里或河里挑水。

井桶 [tsei52dɑo113]

从井里汲水用的小木桶，梁上拴一条麻绳，以便提取。

图2－16 井桶

图2－17 水缸

水缸 [ɕiei52kuo24]

陶制的大缸，放在厨房里储水。

大勺 [dɤ11ʑio113]

用木头挖成，从“水缸”里舀水用。现在多用铁制的，不过叫作“铜勺儿”[tɑo33ɕiuŋ24]。

图2－18 大勺

图2-19 笊篼

图2-20 洗帚

笊篼 [tsə^{52}təɯ^{24}]

也叫"笊篱"[tsə^{52}li^{11}]。用竹篾编织而成，煮米饭时用来捞米饭。还有一种较小的，洗豆子时用来捞豆子，或者在池塘里捞虾、捞浮萍等，叫"细笊篼儿"[sia^{33}tsə^{52}təŋ^{24}]。

洗帚 [sie^{52}tɕiəɯ^{535}]

即炊帚，用细竹条制成。

廨橱 [kɑ^{24}dʑi^{0}]

放菜、碗等的橱子，多为木制，也有竹制的。上为带门的橱子，放菜等食物。下为栅栏状，放空碗等，叫作"碗廨"[uo^{52}kɑ^{52}]。

图2-21 廨橱

图2－22 箸瓶

箸瓶 [dʑie¹¹³bei⁰]

汤溪话把筷子叫作“箸”[dʑie³⁴¹]。用来盛筷子的器具多为瓷瓶或竹筒，瓷瓶叫“箸瓶”，竹筒叫“箸筒”[dʑie¹¹³dɑo⁰]。

窠⁼儿 [kʰuɯŋ²⁴]

用木头挖成的碗，也有用毛竹裁成的，旧时小孩用的，不怕摔。现已绝迹。

菜□儿 [tsʰɛ³³tʰɯŋ⁵⁵]

用竹篾编制的罩子，方形或者圆形，用来罩住饭桌上的菜碗，以防灰尘落入或者猫偷吃。

图2－23 菜□儿 [tsʰɛ³³tʰɯŋ⁵⁵]

图2－24 圆筒形的“菜□儿” [tsʰɛ³³tʰɯŋ⁵⁵]

图2－25 肉桶

肉桶 [ȵiɔ^{11}dɑo^{113}]

一种较深的圆盆，有梁，带盖，给亲戚送礼时或祭祀等重要场合用来盛猪肉。

挈盘 [tɕʰie^{55}bɤ^{0}]

一种较浅的圆盆，有梁，无盖，宴席上上菜时，把菜碗、菜碟放在里面提着。图2–26 左边的是“肉桶”，右边的是“挈盘”。

图2－26 挈盘

二　卧具

花床 [xuo^{24}ʑiɑo^{0}]

一种老式木床。上面有棚子，叫“床棚”[ʑiɑo^{113}ba^{0}]，“床棚”正面雕刻花鸟人物。一般是结婚时置办的。

图2－27 花床

图2－28 作为展品的“花床”

面桶架床 [mie^{11}dɑo^{11}kuo^{24}ziɑo^{0}]

一种简易的新式木床。“面桶架”[mie^{11}dɑo^{11}kuo^{52}]是脸盆架的意思，床的两头是两个架子(像脸盆架，也可以说像连椅)，床板铺在架子上，没有棚子。图 2–29 是一张“面桶架床”的床架。

图2－29 面桶架床

图2－30 竹床

图2－31 棕绷

竹床 [tɕiɔ^{55}ʑiɑo^{0}]

竹子做的床。有的只有一块“竹床板”[tɕiɔ^{52}ɕiɑo^{33}mo^{535}]，架在两张板凳上构成一张“竹床”。夏天乘凉时用。

棕绷 [tsɑo^{24}pa^{0}]

也叫“棕绷床”[tsɑo^{24}pa^{24}ʑiɑo^{0}]。图 2–31 中的“棕绷”尚未制作完成。

踏床 [do^{113}ʑiɑo^{0}]

也叫“踏床凳”[do^{11}ʑiɑo^{113}nai^{0}]。跟床差不多长，宽 30 至 40 厘米，高约 20 厘米，一般放在床前，用作上下床时的踏板，晚上睡觉时用来放鞋。（参见图 2–27）

图2－32 踏床

篾席 [mie^{11}zei^{113}]

席子有两种：“篾席”和“草席”[tsʰə^{52}zei^{113}]。“篾席”是本地篾匠用竹篾编成的，“草席”是外地出产的，用蒲草编成。由于草席比较贵，当地主要使用“篾席”，以前甚至连冬天都用“篾席”。

图2－33 篾席

图2－34 荷花被

荷花被 [uɤ33xuo33bi113]

以前普遍使用的一种被子，被面用粗布缝制而成，染成蓝底白花（有的是荷花，但不限于荷花），里面包着“被絮”[bi11si52]（棉絮）。图2–34床上铺的就是“荷花被”。现在已很少见。

布帐 [pu33tɕio52]

即蚊帐。（见图2–34）前面可以掀起的部分叫“布帐门”[pu33tɕio24mai0]。汤溪话有个成语叫作“布帐被席”[pu33tɕio33bi11zei113]，泛指床上用品。

三　桌椅板凳

八仙桌 [po^{52}sie^{33}tɕio^{55}]

放在堂屋上方（靠墙的一侧），平时为饭桌，有串门的人或客人时，大家坐在“八仙桌”四周聊天。八仙桌是一家中最重要的桌子，其他桌子有“细桌儿”[sia^{33}tɕiuŋ^{55}]（小方桌）、“圆桌儿”[io^{33}tɕiuŋ^{55}]、“箐桌”[ts^{h}a^{33}tɕio^{55}]（折叠桌）等。

图2－35 八仙桌

图2－36 □几[guo^{11}tɕi^{52}]

□几 [guo^{11}tɕi^{52}]

狭长的案子，两头一般带柜子，放在堂屋上方靠墙的地方，亦即墙和八仙桌之间，用来放座钟、花瓶、茶具等。“□”[guo^{341}]是把长条形的物体架起来的意思。

暗槽桌 [ɤ^{33}sə^{33}tɕio^{55}]

一种两屉桌，抽屉下面还有一层暗槽。汤溪话把抽屉统称为“暗槽”[ɤ^{55}zə^{0}]。

桌橱 [tɕio^{55}dʑi^{0}]

跟桌子差不多高，下面是橱子，上面有两个抽屉，台面可以当桌子。是本地较普遍的一种家具。

图2－37 暗槽桌

图2－38 桌橱

图2－39 □头凳[əɯ^{11}dəɯ^{113}nai^{0}]

图2－40 四方凳

图2－41 骨牌凳

四尺凳 [si^{33}tɕ^{h}iɛ^{52}nai^{52}]

长约四市尺的长条形板凳，一个凳子可坐两人，放在八仙桌四周。（见图 1–9、2–35）

□头凳 [əɯ^{11}dəɯ^{113}nai^{0}]

长约二市尺的板凳，一个人坐的。

四方凳 [si^{33}fɑo^{24}nai^{0}]

也叫“四方□头凳”[si^{33}fɑo^{33}əɯ^{11}dəɯ^{113}nai^{0}]。凳面正方形，下面带个抽屉。

骨牌凳 [kuɛ^{52}bɑ^{113}nai^{0}]

凳面长方形，长约一市尺，宽约八寸，像骨牌，故名。

交椅 [kə^{33}i^{535}]

即椅子，一般不带扶手，多为竹制。矮小的叫“细交椅儿”[sia^{33}kə^{33}iŋ^{52}]。

踈椅 [lɛ^{11}i^{535}]

即躺椅，可折叠，多为竹制。“踈”[lɛ^{341}]是倒、躺的意思。

垫跪 [die^{11}dʑi^{113}]

即蒲团，用稻草编成。多在河边跪着洗衣服时用来垫膝盖。

坐车儿 [zɤ^{11}ts^{h}uŋ^{24}]

一种婴儿车，小孩坐在里面，可固定住身体，木制或竹制。有的下面带四个轮子，可以推动。

图2－42 细交椅儿

图2－43 踈椅

图2－44 垫跪

图2－45 坐车儿

图2－46 徛桶

徛桶 [$gɛ^{11}dɑo^{113}$]

一种高木桶，中有隔栏，小孩站在上面，底下可放火盆取暖，木制。“徛”[$gɛ^{113}$]是站的意思。

四 其他用具

面桶 [mie^{11}dɑo^{113}]

也叫"面盆"[mie^{113}bai^{0}]，即脸盆。以前多为木制（见图 2–47），也有"铜面盆"[tɑo^{33}mie^{24}bai^{0}]，后来兴起的搪瓷脸盆叫"洋面桶"[io^{33}mie^{11}dɑo^{113}]、"洋面盆"[io^{33}mie^{24}bai^{0}]。

面桶架 [mie^{11}dɑo^{11}kuo^{52}]

即脸盆架，一般有雕花。

图2－47 面桶

图2－48 面桶架

脚桶 [tɕio^{52}dɑo^{113}]

即木盆，有大小两种。大的直径约70厘米，叫“大脚桶”[dɤ^{11}tɕio^{52}dɑo^{113}]，一般用来洗澡。较小的叫“细脚桶儿”[sia^{33}tɕio^{52}dɑoŋ^{341}]，一般用来洗脚。

图2－49 大脚桶

豆腐桶 [dəɯ^{11}vu^{11}dɑo^{113}]

大木桶，有大小之分。大的直径约 90 厘米，高约 60 厘米，可在宰猪时用来盛开水烫猪。小的直径约70厘米，高约40厘米，做豆腐过滤豆浆时用来盛豆浆。如需区别，分别称作“大豆腐桶”[dɤ^{11}dəɯ^{11}vu^{11}dɑo^{113}]、“细豆腐桶儿”[sia^{33}dəɯ^{11}vu^{11}dɑoŋ^{341}]。图 2–51 是一种较小的豆腐桶。

图2－50 细脚桶儿

图2－51 豆腐桶

尿桶 [si^{33}dɑo^{113}]

放在卧室里供小便用，也用作农具，把粪便挑到农田里。图中的勺子叫“粪勺”[fai^{33}ɕio^{24}]，浇粪便时用。

细尿桶儿 [sia^{33}si^{33}dɑoŋ^{341}]

即马桶，有两种式样。

图2－52 尿桶

图2－53 细尿桶儿

图2－54 带把儿的“细尿桶儿”

图2－55 地帚

图2－56 芒花地帚儿

地帚 [tie^{33}tɕiəɯ^{535}]

即扫帚，一般用竹枝扎成。山区产芒草，人们习惯把芒草的穗采集起来扎成扫帚，叫作“芒花地帚儿”[mɑo^{33}xuo^{33}tie^{33}tɕiəŋ^{52}]。也有用棕扎成的，较少见。

笐竿 [uo^{11}kɤ^{52}]

把两根带丫杈的毛竹竖立在地上，再把一根竹竿架在丫杈上，用来晒衣物。上面的竹竿就叫“笐竿”，竖立的竹竿叫“笐竿桩”[uo^{11}kɤ^{33}tɕiɑo^{52}]，也叫“晾□桩”[lo^{11}sie^{33}tɕiɑo^{52}]。“笐竿”的一个功能是可以把衣服裤子穿起来晒。（见图 2–58）

图2－57 笐竿，笐竿桩

图2－58 “笐竿”的功能

图2－59 菜油灯盏

图2－60 残破的“菜油灯盏”

菜油灯盏 [tsʰɛ^{33}iəɯ^{33}nai^{33}tso^{535}]

即油灯。虽然叫“菜油灯盏”，但一般不用“菜油”[tsʰɛ^{24}iəɯ^{0}]，而用“桐油”[dɑo^{113}iəɯ^{0}]或“清油”[tsʰei^{24}iəɯ^{0}]（乌桕油），因为菜油太贵，点不起。有一个灯架，上置一个盛油的小碟子，叫“灯盏碟”[nai^{33}tso^{52}dia^{113}]。这种灯是在煤油灯之前使用的，早已绝迹，图 2–60 属于劫后余生。

洋油灯 [io^{33}iəɯ^{24}nai^{0}]

即煤油灯，多用墨水瓶、药瓶等自制而成。

风照灯 [fɑo^{33}tɕiə^{24}nai^{0}]

也叫“风照”[fɑo^{24}tɕiə^{0}]。一种可防风的煤油灯，上面带一个玻璃罩，叫“风照壳儿”[fɑo^{33}tɕiə^{33}kʰuŋ^{55}]。

图2－61 洋油灯

图2－62 风照灯

火挈 [xuɤ^{52}tɕ^{h}ie^{55}]

取暖用具。外壳用竹篾编成，内胆为陶或铁皮，叫“火挈钵”[xuɤ^{52}tɕ^{h}ie^{52}pɤ^{55}]，里面盛炭火。可用来烘手、脚等，叫“烘火挈”[xɑo^{33}xuɤ^{52}tɕ^{h}ie^{55}]。（见图2–64）

图2－63 火挈

麦秆扇 [ma^{11}kɤ^{52}ɕie^{52}]

用麦秸编的扇子，本地很常用。

答⁼ [tɤ^{55}]

即坛子，主要用于腌菜和盛酒。前者叫“菜答⁼”[ts^{h}ɛ^{33}tɤ^{55}]，后者叫“酒答⁼”[tsəɯ^{52}tɤ^{55}]。

图2－64 烘火挈

图2－65 麦秆扇

图2－66 酒答⁼

图2－67 米缸

图2－68 大橱

米缸 [mie^{11}kuo^{24}]

盛大米的缸，肚子粗圆，上下较细。

大橱 [dɤ^{113}dʑi^{0}]

盛稻谷等粮食用的大柜子，一般两米多长，一米多宽。小一号的叫"细大橱儿"[sia^{33}dɤ^{11}dʑiŋ^{113}]。

图2－69 米升

米升 [mie^{11}ɕiai^{24}]

也叫"升碗"[ɕiai^{33}uo^{535}]。用木头（一般是樟木）挖成的容器，用来舀大米，能盛一斤多米。

米斗 [mie^{11}təɯ^{535}]

用竹篾编织的斗形容器，上圆下方，有梁，一般用来盛粮食。

图2－70 米斗

图2－71 横篮

图2－72 山区的“横篮”

横篮 [ua^{113}lo^{0}]

一种竹篮，略呈长方形，两头半圆形，上大下小，用来盛蔬菜、猪草等。各地式样略有不同。

细横篮儿 [sia^{33}ua^{33}luŋ^{24}]

比“横篮”小一号，做工较细，多用来盛食物。为了与此区别，有时把“横篮”叫作“大横篮”[dɤ^{11}ua^{113}lo^{0}]。

饭篮 [vo^{113}lo^{0}]

一种圆形的竹篮，上大下小，做工较细，一般用来淘米、洗黄豆等。

菜篮 [tsʰɛ^{24}lo^{0}]

一种盆形的竹篮，有大孔，洗菜用，也可用来盛豆腐。

图2－73 细横篮儿

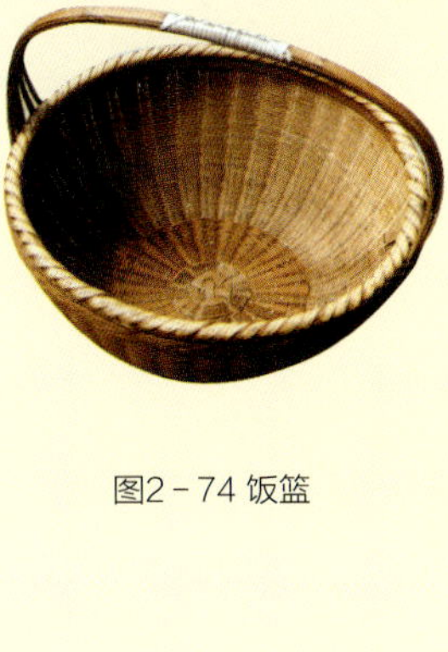
图2－74 饭篮

图2－75 菜篮

豆腐篮 [dəɯ^{11}vu^{113}lo^{0}]

一种浅口、高梁、大孔的圆形竹篮，用来盛豆腐。

图2－76 豆腐篮

肉篮 [ȵiɔ^{113}lo^{0}]

一种浅口、高梁、大孔的长形竹篮，用来盛猪肉。

图2－77 肉篮

芋篮 [i^{113}lo^{0}]

一种箩筐形的竹篮，用来盛芋头。多见于山区。

图2－78 芋篮

官篮 [kuo^{24}lo^{0}]

一种四屉竹篮，外形像圆桶，有盖，有梁，可挑在肩上。亲戚家有红白喜事时，把礼物（一般为馒头等食品）盛在笼屉里，挑着送到亲戚家去。在丧礼上使用时叫作“祭灵篮”[tsie^{33}lei^{24}lo^{0}]。

图2－79 官篮

盖 [kɛ^{52}]

竹匾，用来晒粮食、食物等。

图2－80 盖

图2－81 猪槽

猪槽 [tsʅ^{24}zə^{0}]

多用石头凿成。

鸡糠桶 [tɕie^{33}k^{h}uo^{33}dɑo^{113}]

喂鸡用的器具，桶形，带栅栏，类似鲁迅小说《故乡》里所说的“狗气煞”。

鸡食盘 [tɕie^{33}ɕiɛ^{24}bɤ^{0}]

喂鸡用的盆子，有的人家把毛竹劈成栅栏状，罩在盆上，类似“狗气煞”。

图2－82 鸡糠桶

图2－83 鸡食盘

图2－84 鸡□[tɕie^{24}gai^{0}]

图2－85 鸡葱$^{=}$

鸡□ [tɕie^{24}gai^{0}]

竹篾编织成的罩子，用来把小鸡、小鸭等圈住，以防走丢或遭到伤害。

鸡葱$^{=}$ [tɕie^{24}ts^{h}ɑo^{0}]

装活鸡用的竹笼子，上面有很高的梁。给亲戚家送礼时用（主要用于一些喜庆场合，例如办喜事时），一般要在笼子上贴上红“囍”字或红纸，插上松柏。

磨 [mɤ^{341}]

磨的木架子叫“磨架”[mɤ^{11}kuo^{52}]，磨扇中间的转轴叫“磨芯”[mɤ^{11}sei^{52}]，磨扇上的木把儿叫“磨耳朵”[mɤ^{11}ŋ^{11}tɤ^{535}]，扣在“磨耳朵”里推磨用的“丁”字架叫“磨龙得$^{=}$头”[mɤ^{11}lɑo^{33}tɛ^{55}dəɯ^{0}]。一般用来磨豆浆等，现已很少用。

图2－86 磨

图2－87 打石臼（示意）

石臼 [za^{11}dʑiəɯ^{113}]

臼用石头凿成。杵为“T”形，木制，叫“麻糍得=儿”[mɤ^{33}sɿ^{33}teŋ^{55}]。“麻糍”[mɤ^{113}zɿ^{0}]即糍粑，做糍粑时要把大米放在石臼里捶打，叫作“打石臼”[na^{52}za^{11}dʑiəɯ^{113}]。

插子 [ts^{h}o^{535}tsɿ^{535}]

由一根木棍和一块圆石构成的杵，通常统称杵和臼，臼比图 2–87 的小。一般用来舂少量的粮食，例如以前缺粮，新稻谷已成熟但未收割时，先割少量的稻谷用“插子”舂成米，以救饥荒。

叁·服饰穿戴

汉族的服饰简单、趋同，汤溪也不例外。如果要说汤溪的服饰有什么特点，那就是简朴、实用。图3－1是一群“孺人家”[ʑi^{11}ȵiei^{113}kuo^{0}]（妇女）在一起做手工活，她们身上除了普通的衣裤以外，引人注目的就是围裙和套袖，这都是与劳动密切结合的服饰，而不是装饰性的。事实上，她们身上几乎没有任何装饰性的衣物或首饰。

以前，村里有专门的“裁缝老师”[sɛ^{33}fɑo^{33}lə^{11}sɿ^{24}]（裁缝师傅）。人们要做新衣服时，就到商店里买回布料，请裁缝到家里来加工。每到年底，就可以看到裁缝在各家忙碌的身影。有些活儿自己能干的，就干脆自己动手，例如织毛衣、做布鞋、缝鞋垫等。农闲时，妇女们手里往往都拿着针线活，要么是一件正在织的毛衣，要么是一只正在纳的鞋底。

平时穿的衣服真的可谓“新三年，旧三年，缝缝补补又三年”。穿破了的衣服，还要拆剪成“破片”[pɑ^{33}p^{h}ie^{52}]（碎布），用来糊鞋底。一年到头，就盼着过年能穿一身新衣服。过年的魅力与此大有关系。

当然，这都是几十年前的景象。如今，农民的生活条件大为改善，衣服鞋帽也都是从商店里购买。

图3－1 孺人家

一　衣裤

大襟 [dɤ¹¹tɕiei⁵²]

老式中装（纽扣在一侧的）前面扣在外面的部分，通常也指这种式样的衣服，现在个别老年妇女还有穿的。与之相对的底襟叫“细襟儿”[sia³³tɕieŋ²⁴]。对襟的式样就叫“对襟儿”[tɛ³³tɕieŋ²⁴]。

图3－2 大襟

图3－3 穿“大襟”的老太太

图3－4 围裙

图3－5 围裙，衫袖套

围裙 [i^{113}dʑiei^{0}]

“围裙”是当地妇女的传统服饰之一，山区的男性也有使用的，但平原地区的男性不用。围裙一般用蓝粗布做成，有长短两种，长的是套头的，短的只系在腰间。妇女做家务活时，围裙是不可缺少的。所以，以前的时候，妇女们几乎人人身系围裙。与围裙配套使用的，还有“衫袖套”[so^{33}zəɯ^{11}tə^{52}]（套袖。见图 3–5），有些妇女干活时还用毛巾包在头上。不过现在都已逐渐少用了。

汤布 [t^{h}o^{33}pu^{52}]

男人出门干活时围在腰间的长布条，白粗布做成（金华等地是蓝的），五六尺长，二尺宽。主要用来擦汗，也可垫在肩上，披在身上，以前也有人夏天不穿短裤，直接用“汤布”包裹身体。有的地方（例如汤溪镇东祝村）男人们“汤布”不离身。现极少见。

图3－6 汤布（苏战辉 摄）

图3－7 围在腰间的“汤布”（苏战辉 摄）

图3－8 蓑衣

图3－9 “蓑衣”的背面

蓑衣 [sɤ^{24}i^{0}]

棕榈树在本地比较常见，“蓑衣”都用棕毛编成。蓑衣的功能是防雨，因此肩膀部分较大，胸前部分只是两条宽带子，下摆长及膝盖。穿在身上比较笨重。俗话“着蓑衣打火”[tɕio^{52}sɤ^{24}i^{0}na^{52}xuɤ^{535}]指引火烧身。

布纽 [pu^{33}ȵiəɯ^{113}]

统称老式中装上用布做成的纽扣和纽襻。其中纽扣叫“纽子”[ȵiəɯ^{11}tsɿ^{535}]，扣眼儿叫“纽子襻”[ȵiəɯ^{11}tsɿ^{52}p^{h}o^{52}]。新式服装上的扣眼儿叫“纽子洞”[ȵiəɯ^{11}tsɿ^{52}dɑo^{341}]。

图3－10 布纽

图3－11 借空篮

图3－12 大掠桶

借空篮 [tsia³³kʰɑo²⁴lo⁰]

即针线筐，用来放针线、顶针儿、剪子、锥子等。用竹篾编织而成，上大下小，带细孔，做工精致。

大掠桶 [dɤ¹¹lɤ¹¹dɑo¹¹³]

梳妆盒，用来装梳子、篦子、镜子等，“掠”[lɤ¹¹³]即梳子。木制，盖子上还有雕饰。

二　鞋帽

野帽 [iɑ¹¹mə³⁴¹]

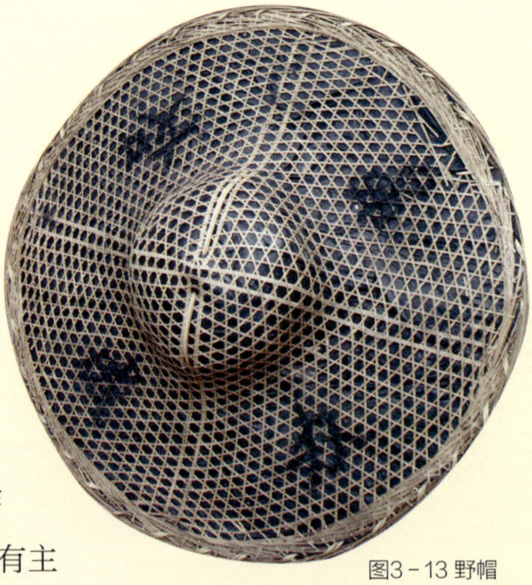
图3－13 野帽

也叫“箬帽”[ȵiɤ¹¹mə³⁴¹]。是本地最常用的一种斗笠，以前多用竹篾夹箬叶制成，现在多夹油纸，平顶，直径约50厘米。还有一种式样与此相同，但直径要大一倍，几乎可起到雨伞的作用，叫作“大野帽”[dɤ¹¹iɑ¹¹mə³⁴¹]。斗笠上常常写有主人的名字。

图3－14 戴野帽

图3－15 龙游野帽

图3－16 笋壳野帽

邻县龙游出产的斗笠是尖顶的，叫“龙游野帽”[lɑo^{33}iəɯ^{33}iɑ^{11}mə^{341}]，本地也常用。（见图 3–15）

笋壳野帽 [sei^{52}k^{h}uo^{52}iɑ^{11}mə^{341}]

也叫“笋壳箬帽”[sei^{52}k^{h}uo^{52}n̥iɤ^{11}mə^{341}]。一种圆锥形的斗笠，里面用竹篾制架，外面用笋衣编排，再用绳子固定，直径约40厘米，做工比较粗。

金华笠儿 [tɕiei^{33}uɑ^{33}leŋ^{55}]

金华产的一种斗笠，扁平形，比较小，直径约30厘米，一般只能遮阳，难以挡雨。

图3－17 金华笠儿

布鞋 [pu^{24}ɑ^{0}]

以前人们都穿自己手工制作的“布鞋”。做布鞋首先要“缉鞋底”[ts^{h}ei^{52}ɑ^{33}tie^{535}]（纳鞋底。见图 3–18）。鞋底是用碎布一层层糊起来的，纳鞋底时先用“□线钻”[ȵie^{11}sie^{33}tsɤ^{52}]（一种专门的锥子，“□线”[ȵie^{11}sie^{52}]即缝衣针）在上面钻好眼儿，再用“鞋底线”[ɑ^{33}tie^{52}sie^{52}]（用苎麻搓成的粗线）一针一针缝上，缝好后用“皮刀”[bi^{113}tə^{0}]（切鞋底用的刀子）切边儿。（见图 3–19）

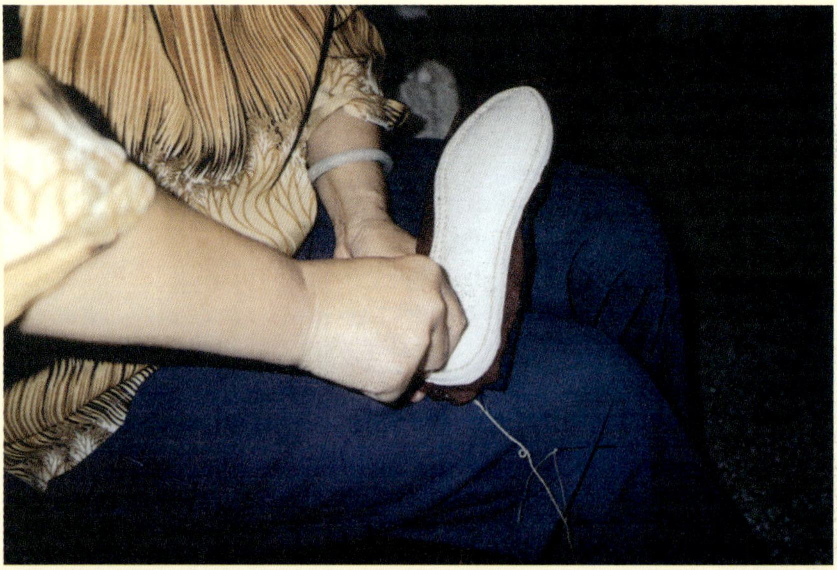

图3－18 缉鞋底

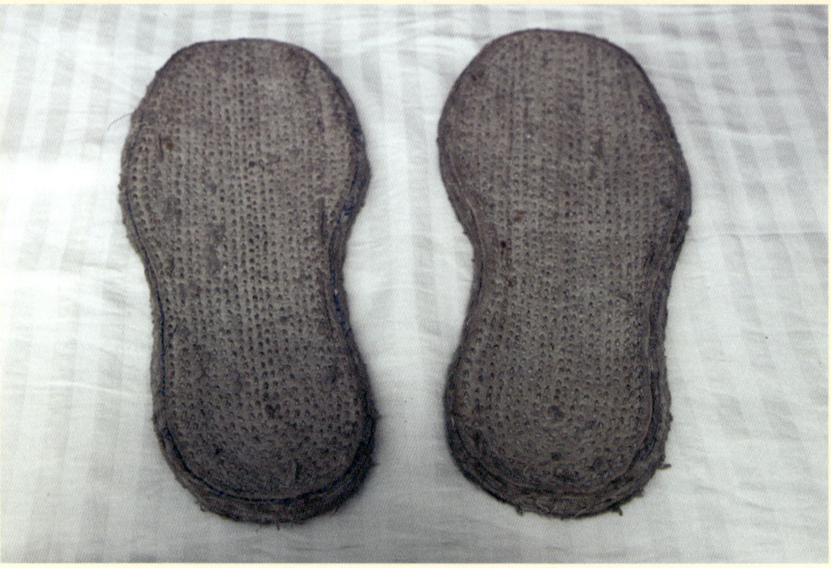

图3－19 鞋底

图3－20 楦头

图3－21 四方口

新鞋做好后，要用木制的“楦头”[ɕiɤ^{24}dəɯ^{0}]把鞋子撑满，使之成形。“楦头”也叫“鞋楦”[ɑ^{113}ɕiɤ^{0}]。（见图 3–20）

男式和女式的布鞋式样不同。男式的如图 3–20。女式的开口部分更大，前端呈方形，因此叫作“四方口”[si^{33}fɑo^{33}k^{h}ɯ^{535}]。（见图 3–21）

纳鞋底是一种非常费时费力的活儿，后来布鞋底逐渐被塑料和橡胶取代。用塑料底制作的鞋叫作“皮底鞋”[pi^{33}tie^{52}ɑ^{11}]，橡胶底的叫作“胶底鞋”[tɕiə^{33}tie^{52}ɑ^{11}]。

棉鞋 [mie^{113}ɑ^{0}]

图 3–22 为手工缝制的女式布底棉鞋。

图3－22 棉鞋

木屐呱儿 [mɔ^{11}dʑie^{11}kuɑŋ^{55}]

即趿拉板儿。也叫“木屐”[mɔ^{11}dʑie^{113}]，“呱儿”[kuɑŋ^{55}]指木片或竹片。现已绝迹。

草鞋 [tsʰɑ^{52}ɑ^{11}]

“草”字单念[tsʰə^{535}]，这里因受后字韵母同化，韵母读作[ɑ]。用稻草编成，有的为了使之更加结实，还加入一些碎布条。编草鞋用的架子叫“草鞋钯”[tsʰɑ^{52}ɑ^{113}bo^{0}]。（见图 3–24）在山区，草鞋用途大，因此编草鞋的架子也更加正规，叫作“草鞋床”[tsʰɑ^{52}ɑ^{113}ʑiɑo^{0}]。（见图 3–25）

图3－23 草鞋

图3－24 草鞋钯

图3－25 草鞋床

肆·饮食起居

图4－1 油菜

汤溪位于金衢盆地边缘地带，粮食作物以水稻为主，同时种植小麦、玉米、油菜（见图 4－1）、棉花、红薯等。一年三季，第一季叫“春花”[tɕʰiai^{24}xuo^{0}]，冬天播种，春天收获，例如麦子、油菜。第二季叫“前熟”[sie^{33}ɕiɔ^{24}]或“头熟”[təɯ^{33}ɕiɔ^{24}]，春天播种，夏天收获，例如早稻。第三季叫“后熟”[əɯ^{11}ʑiɔ^{113}]，夏天播种，秋天收获，例如晚稻。在实行“家庭联产承包责任制”（即“大包干”）之前，尽管当地有山有水，土地肥沃，人们起早贪黑，辛勤劳作，但无奈生产力低下，始终无法解决温饱问题。由于粮食紧缺，自然导致食品单调、粗糙，缺油少菜，以腌为主。在汤溪话词汇系统中，“红镬”[ɑo^{33}uo^{24}]（炒菜时没有油，只好把菜直接放入热锅里炒）、“戋盐”[tɔ^{55}ie^{0}]（没菜可吃，只好用筷子戳盐就着饭吃）、“山里毛虫，大麦裹粽”[so^{33}li^{11}mə^{113}dʑiɑo^{0}, dɤ^{11}ma^{113}kuɤ^{52}tsɑo^{52}]（山里人没有大米，只好用大麦包粽子）这样的词语真实地反映了当时生活中艰难的一面。现在，人们的生活已经发生了很大变化，一般只种一季稻子，“春花”更是少有人种。

“一方水土养一方人”，在漫长的历史中，汤溪人因地制宜，靠山吃山，靠水吃水，形成了自己的饮食习惯和礼俗，创造出许多具有地方特色的食品。例如家家酿黄酒，户户做豆腐，茶叶、烟叶也都是自产自用。较具代表性的食品有“馒头”[mɤ^{113}dəɯ^{0}]、“麦面”[ma^{11}mie^{341}]、“馃”[kuɤ^{535}]、“汤团”[tʰo^{24}dɤ^{0}]、“肉圆”[ȵiɔ^{113}iɤ^{0}]、“生菜”[sa^{24}tsʰɛ^{0}]、“笋干”[sei^{52}kɤ^{24}]、“盐肉”[ie^{11}ȵiɔ^{113}]等。以前缺粮时吃的一些粗粮、野菜例如“番藷粥儿”[fo^{33}ɕi^{33}tɕioŋ^{55}]、“马兰头”[mo^{11}lai^{113}dəɯ^{0}]，如今却成了绿色健康食品。

一　主食

馒头 [mɤ^{113}dəɯ^{0}]

汤溪的馒头做法、形状和用途都颇具特点。先把糯米蒸熟，凉后加“酒娘”[tsəɯ^{52}ȵio^{11}]（制作酒曲的曲霉）发酵，用酵水和面，把面搓揉成一个个小圆球，放在蒸笼里，发4个小时左右，再蒸。（见图4–2）蒸熟后为平底圆丘形，底部直径约13厘

图4－2 做馒头

图4－3 馒头

图4－4 □肉馒头[u^{33}ȵiɔ^{11}mɤ^{113}dəɯ^{0}]

米，高约6厘米，体形丰满，松软细腻，滋润爽口。表面盖红章，标以作坊字号。（见图4–3）是春节、宴会、祭祀等场合的必备食品。

“□肉馒头”[u^{33}ȵiɔ^{11}mɤ^{113}dəɯ^{0}]是宴会上的一道美食。“□”[u^{52}]是煮的意思。先把大块的五花肉煮或蒸至烂熟，再夹在热气腾腾的馒头当中，吃起来香味扑鼻，肥而不腻，有点像北方的肉夹馍。（见图 4–4）

包子 [pə^{24}tsɿ^{0}]

汤溪的包子个儿大，用肉、豆腐、葱等做馅儿。包的时候一般用手捏出褶子，但也有的把馅儿包进去后，再放在“包子印”[pə^{33}tsɿ^{24}iei^{0}]里压出褶子。

图4－5 包子

图4－6 包子印

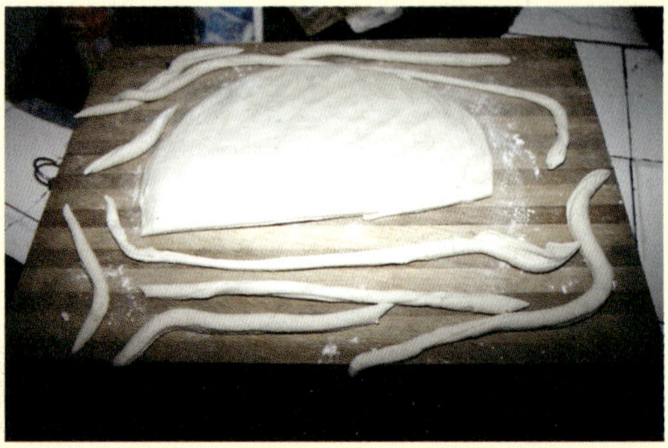

图4－7 打麦面

图4－8 摒麦面

麦面 [ma^{11}mie^{341}]

即手拉面。也叫“□面”[p^{h}a^{24}mie^{0}]，“□”[p^{h}a^{24}]是伸张的意思。做手拉面叫作“打麦面”[na^{52}ma^{11}mie^{341}]或“摒麦面”[ma^{33}ma^{11}mie^{341}]，“摒”[ma^{52}]是拉扯的意思。（见图 4–7、4–8）

手拉面是汤溪的传统特色食品。一般先用油、肉煸土豆、蔬菜、泥鳅等，加水煮开，再把切成粗条的面条拉长拉细，放入锅里，煮熟后连汤带菜一起盛出来即可食用。（见图 4–9）不过，做手拉面比较麻烦，现在也常以挂面代之，挂面叫作“索面”[so^{52}mie^{341}]或“洋索面”[io^{33}so^{52}mie^{341}]。

图4－9 麦面

麦扚儿 [ma^{11}teŋ^{55}]

即面疙瘩。也叫“麦结扚儿”[ma^{11}tɕie^{52}teŋ^{55}]，“扚”[tei^{55}]是掐、拧的意思。

麦镬 [ma^{11}uo^{113}]

在锅里烙成的面饼，较大较薄，无馅儿，卷着吃（类似北方的煎饼）。做“麦镬”叫作“搂麦镬”[ləɯ^{11}ma^{11}uo^{113}]，“搂”[ləɯ^{113}]是搅拌的意思，指把面糊搅匀。

鸡子面 [tɕie^{33}tsɿ^{52}mie^{341}]

把鸡蛋打进红薯淀粉里，搅拌匀和，在热锅里放一点油，倒进去烙成薄饼，取出来切成长条，再放入水中煮，即成。

索粉 [so^{52}fai^{535}]

线状的米粉。以前用手工榨，叫“榨索粉”[tso^{33}so^{52}fai^{535}]。刚榨出来的叫“水索粉”[ɕiei^{52}so^{52}fai^{535}]，当地人喜欢拿来当早点吃。晒干以后叫“索粉干”[so^{52}fai^{52}kɤ^{24}]，多加工成方块形或扁圆形，以便存放。

乌饭 [u^{24}vo^{0}]

用“乌饭树”[u^{33}fo^{24}ʑi^{0}]的叶子加工成黑色的糯米饭，农历四月吃，现在少见。俗话说“四月初八，乌饭叠炭”[si^{33}ȵiɤ^{11}ts^{h}u^{33}po^{55}，u^{24}vo^{0}dia^{11}t^{h}o^{52}]，意指四月初八左右，黑色的“乌饭”像木炭一样。

图4－10 鸡子面

图4－11 索粉干

番薯粥儿 [fo^{33}ɕi^{33}tɕioŋ^{55}]

用大米和红薯一起煮成的粥，是以前缺粮时常吃的一种食品。

图4－12 豆腐汤

包萝糊 [pə^{33}lɤ^{24}u^{0}]

用玉米面加水煮成的粥，是以前缺粮时常吃的一种食品。“糊”[u^{341}]有时特指用面粉加水煮成的食品。

豆腐汤 [dəɯ^{11}vu^{11}t^{h}o^{52}]

即豆腐脑。吃的时候加点酱油、葱花，没有菜卤。

图4－13 夹糖饼，天萝敬⁼

夹糖饼 [kuo^{52}to^{33}mei^{535}]

一种长条形的烤饼，带葱花，咸的，通常夹着油条一起当早点吃。油条叫作“天萝敬⁼”[t^{h}ie^{33}lɤ^{24}tɕiei^{0}]，“天萝”[t^{h}ie^{24}lɤ^{0}]即丝瓜，“敬⁼”[tɕiei^{52}]是油炸的意思。

葱烧饼 [ts^{h}ɑo^{33}ɕiə^{33}mei^{535}]

直径约15厘米，有两种馅儿，一种是葱花肉，一种是霉干菜肥膘肉，在炭炉内壁上烤成。

图4－14 葱烧饼

图4－15 烤酥饼

酥饼 [su^{33}mei^{535}]

“酥饼”是金华的著名特产，汤溪也有做的。以霉干菜和肥膘肉为馅儿，用炭火烘炉烤成，表皮金黄，酥松香脆。

图4－16 酥饼

八月粉 [po^{52}ȵiɤ^{111}fai^{535}]

农历八月时，把糯米浸泡二十多天，再晒干，叫作“八月米”[po^{52}ȵiɤ^{11}mie^{113}]或“汤团米”[t^{h}o^{33}tɤ^{33}mie^{113}]。把“八月米”碾成粉，叫作“八月粉”[po^{52}ȵiɤ^{11}fai^{535}]或“汤团粉”[t^{h}o^{33}tɤ^{33}fai^{535}]。“八月粉”主要是用来做“汤团”[t^{h}o^{24}dɤ^{0}]（见图 7–29）的。

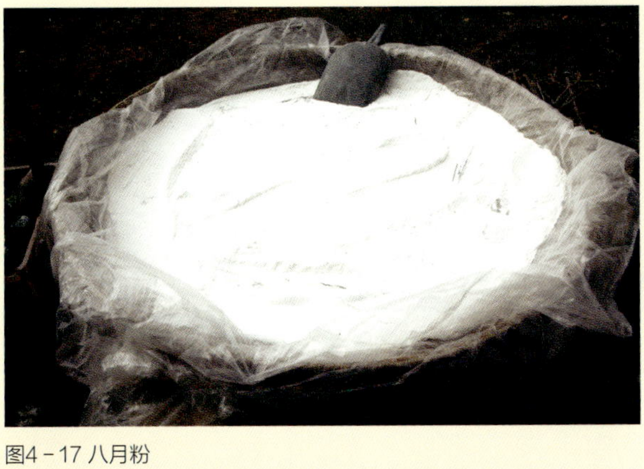

图4－17 八月粉

二　副食

糕饼 [kə^{33}mei^{535}]

也叫“点心”[nie^{52}sei^{24}]。即糕点，通常是指“糕饼房”[kə^{33}mei^{52}vɑo^{11}]（糕点店）制作出售的那些，例如：

鸡子糕[tɕie^{33}tsɿ^{52}kə^{24}]：蛋糕。（见图 4–18）

芙蓉糕[fu^{33}iɑo^{24}kə^{0}]：两层叠加而成，下部像萨其马，表层为白糖、红绿丝，大小跟“鸡子糕”差不多。

绿豆糕[lɔ^{11}dəɯ^{11}kə^{52}]：绿豆粉做的。（见图 4–19 左侧）

连环饼儿[lie^{33}uo^{33}meŋ^{52}]：米粉做的，“8”字形，像两个饼连在一起，白色。（见图 4–19 中间）

图4－18 鸡子糕

图4－19 绿豆糕，连环饼儿，双喜

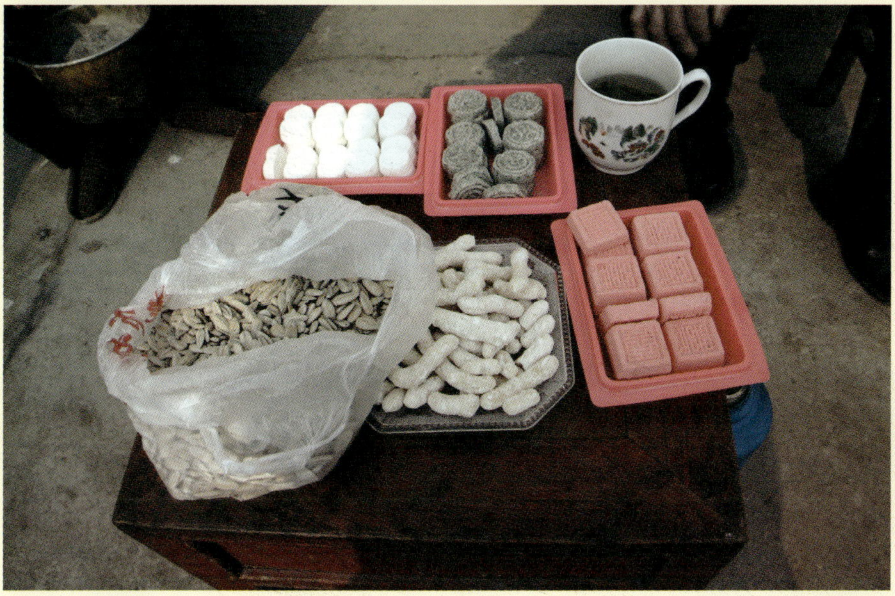

图4－20 糕饼

双喜[ɕiɑo^{33}ɕi^{535}]：红色，上面印着“囍”字，多用于喜庆场合。（见图4–19右侧）

却$^{=}$酥[tɕ^{h}io^{55}su^{0}]：芝麻粉做的，黑色，以前表面也有做成红色的，略显湿软。“却$^{=}$”[tɕ^{h}io^{55}]是湿的意思。当地有人写作“扦酥”。（见图4–20后方中间）

回回[uɛ^{113}uɛ^{0}]：米粉做的，长方形，味道像“却$^{=}$酥”。因“回”有退还义，定亲时忌讳送此糕点。

糖枣儿[to^{33}tsəŋ^{52}]：糯米粉和糖揉成面，油炸后再醮上糖，枣形。（见图4–20前方中间）

夹糖酥 [kuo^{52}to^{33}su^{24}]

一种长方形的甜饼，酥松，表皮有点芝麻，约为“夹糖饼”（见图 4–13）的一半大。

图4－21 烤儿

烤儿 [k^{h}əŋ^{52}]

即麻花，但比较小，自己家里炸的。

汽糕 [tɕ^{h}i^{33}kə^{52}]

用米粉加碱放在蒸笼里蒸熟的，很暄，邻县龙游流行这种糕点，汤溪也有做的。

作糕 [tso^{52}kə^{24}]

用干的米粉蒸熟，比较松散，长方形。

图4－22 汽糕

图4－23 作糕

馃 [kuɤ^{535}]

除了"清明馃"（见图7–40）以外，平时也做"馃"。平时做的"馃"主要有以下几种。一是山区在春节期间做的，用米粉加糖做皮儿，放甜馅儿，扁圆形，暗红色，这种"馃"可以保存很长时间，甚至从春节一直吃到清明。二是"印馃"[iei^{33}kuɤ^{535}]，糕点店制作出售的，白色。（见图4–24）三是"麸筋馃"[fu^{33}tɕiei^{33}kuɤ^{535}]，"麸筋"[fu^{24}tɕiei^{0}]即面筋，用洗面筋时剩下的淀粉做皮儿，有点透明。（见图4–25）

图4－24 印馃

图4－25 麸筋馃

图4－26 四样点心

四样点心 [si^{33}io^{11}nie^{52}sei^{24}]

四种糕点，包括甜的馒头（盖圆形红章）、咸的馒头（盖方形红章）、作糕、印馃。亲戚家有红白喜事时，要送这四种糕点。一般放在“官篮”[kuo^{24}lo^{0}]（四屉竹篮。见图2–79）里，一层放一种，挑到亲戚家去。

麻糍 [mɤ^{113}zɿ^{0}]

即糍粑。较大的叫“麻糍板”[mɤ^{33}sɿ^{33}mo^{535}]，较小的叫“麻糍月儿”[mɤ^{33}sɿ^{33}ȵiɯŋ^{24}]。一般剪成小块蘸红糖吃。做糍粑叫作“打麻糍”[na^{52}mɤ^{113}zɿ^{0}]。

图4－27 麻糍

图4－28 麻糍，红糖

麻睐 [mɤ^{113}lɛ^{0}]

用“八月粉”（见图4–17）揉成汤圆形，放在水里煮熟，再放在豆子粉、芝麻粉和砂糖里来回滚动，使之沾在表面而成。

的包 [tei^{55}pə^{0}]

糯米粉做皮儿，芝麻和糖做馅儿，皮儿很薄。是汤溪特产，也有人写作“的卜”。

得$^{=}$得$^{=}$糖 [tɛ^{52}tɛ^{55}do^{0}]

即麦芽糖，用大麦做的，浇成约半米见方、三厘米高的块状，卖的时候要用刀具凿。“得$^{=}$”[tɛ^{55}]是砍的意思。以前货郎的担子上往往有麦芽糖，小孩可用鸡毛（杀鸡时褪下的）去换糖。

图4－29 的包

图4－30 晒粉

晒粉 [$so^{33}fai^{535}$]

即红薯粉，是名词。用“晒粉”制成的粉条叫“粉线”[$fai^{52}sie^{52}$]或“晒粉面”[$so^{33}fai^{52}mie^{341}$]。

水晶糕 [$ɕiei^{52}tɕiei^{24}kə^{0}$]

一种食品。把红薯粉用水化开，煮成糊，装进盆里，加入白糖，凝固后切成四方块即成。

图4－31 粉线

凉粉 [$lɤ^{33}fai^{535}$]

夏天祛暑食品。用本地山上的“细木梨儿”[$sia^{33}mɔ^{11}liŋ^{113}$]（一种野果，籽儿像绿豆）制成，吃的时候加白糖。

米胖 [mie^{11}p^{h}ɑo^{52}]

即炒米。一般和黄豆一起炒，炒好后盛在坛子里，作为整个冬季的零食。炒“米胖”有专门的工具，一个是“米胖帚儿”[mie^{11}p^{h}ɑo^{33}tɕiəŋ^{52}]，炒的时候在锅里翻拨，防止炒糊；另一个是“兜锨”[təɯ^{24}ɕie^{0}]，用来撮。后来兴起用机器爆大米、玉米等，叫“胖米胖”[p^{h}ɑo^{33}mie^{11}p^{h}ɑo^{52}]，爆米花也叫“米胖”。现在手工炒的很少，用机器爆的还有。

图4－32 米胖帚儿，兜锨

图4－33 胖米胖

老酒 [lə^{11}tsəɯ^{535}]

即黄酒。当地几乎家家户户都酿黄酒。先把糯米浸泡至胀，用甑子蒸熟，晾至半冷不热，装入大缸里，用酒曲和水拌匀，盖上纱布（一般用“豆腐袱”[dəɯ^{11}vu^{11}vɔ^{113}]），一个月以后取出，放在酒榨里榨。（见图 4–34、4–35）也可不榨就直接从缸里舀出来喝，这种酒叫“缸边红”[kuo^{33}mie^{24}ɑo^{0}]，酒劲比较大。酿酒多在冬天，冬天酿的酒也叫“冬水酒”[nɑo^{33}ɕiei^{52}tsəɯ^{535}]。

图4－34 酒榨

图4－35 榨酒

图4－36 做烧酒

烧酒 [ɕiə^{33}tsəɯ^{535}]

即白酒。当地也有酿白酒的，原料多为“芦粟”[lu^{33}sɔ^{55}]（高粱）、“荞麦”[tɕiə^{33}ma^{24}]等，其中“荞麦烧”[tɕiə^{33}ma^{11}ɕiə^{52}]是一种比较著名的白酒。酿白酒时，把粮食装在大铁桶里，放在户外烧，把白酒导入坛子。但自己一般不会酿白酒，要请酿酒师傅来村里加工，或把粮食送到专门的作坊加工。

汤溪话“白酒”[ba^{11}tsəɯ^{535}]指江米酒（甜酒酿）。

图4－37 烧酒药

曲药 [tɕ^{h}iɔ^{52}io^{113}]

即酒曲。有红、黑、白三种。红色的叫“红曲”[ɑo^{33}tɕ^{h}iɔ^{55}]，用早稻的米加工而成，酿黄酒用。黑色的叫“乌曲”[u^{33}tɕ^{h}iɔ^{55}]，跟“红曲”只是颜色不同。白色的多叫“烧酒药”[ɕiə^{33}tsəɯ^{52}io^{113}]，也叫“白酒药”[ba^{11}tsəɯ^{52}io^{113}]、“老曲”[lə^{11}tɕ^{h}iɔ^{55}]、“白曲”[ba^{11}tɕ^{h}iɔ^{55}]，用蓼加工而成，有圆饼形、方块形、圆球形，也是酿黄酒用的。制作酒曲的曲霉叫“酒娘”[tsəɯ^{52}n̥io^{11}]。

茶叶 [tso^{33}ie^{24}]

汤溪盛产茶叶。很多人家在房前屋后种上几棵茶树，山区的人还到山上采摘野生茶，自制自饮。当地农民大多会制茶，制茶要经过采、择、炒、搓、焙等程序，其中炒、搓要反复进行二到三遍。炒就在锅里炒，搓是在专门的“茶叶帘儿”[tso^{33}ie^{11}liɑŋ^{113}]（竹篾编的）上搓，焙要用“焙笼”[bɛ^{113}lɑo^{0}]，下面放火盆。

烟草 [ie^{33}ts^{h}ə^{535}]

即烟叶。当地种植少量烟草，一般用于制作旱烟，供自己使用。

图4－38 炒茶叶

图4－39 在“茶叶帘儿”上搓

图4－40 用“焙笼”焙

图4－41 烟草

三 菜肴

土菜 [tʰu^{52}tsʰɛ^{52}]

汤溪依山傍水，环境优美，物产自然，长期以来形成了一批独具特色的菜肴。近年来，随着回归自然、吃农家菜运动的兴起，当地人有意识地挖掘、整理了部分具有地方特色的菜肴。图 4–42 是九峰岩风景区里的一块招牌，不过其中很多名称不是当地人本来的叫法，而是“城市化”了的。

肉杂子 [ȵiɔ^{11}dza^{11}tsɿ^{535}]

把生鸡蛋打在小杯子里，把肉馅儿塞进蛋黄里面，再放在水里煮熟。是一道招待新女婿用的高档菜。

图4－42 土菜

葱花肉 [tsʰɑo^{33}xuo^{33}ȵiɔ^{24}]

把肉、豆腐、葱剁碎，用猪板油上的薄膜包裹成丸子，再放在水里煮熟。是汤溪的特色菜。

图4－43 细肉圆儿

细肉圆儿 [sia^{33}ȵiɔ^{11}iɯŋ^{113}]

用肉丁、豆腐、红薯粉加作料拌匀，做成丸子，放在水里煮熟，带汤吃。

图4－44 晒粉羹儿（黄晓东　摄）

晒粉羹儿 [so^{33}fai^{52}kɑŋ^{24}]

也叫“晒粉糊”[so^{33}fai^{52}u^{341}]。用肉末、豆腐、红薯粉加作料拌匀，煮成羹。“晒粉”即红薯粉。

盐菜 [ie^{11}tsʰɛ^{52}]

汤溪话“盐”字有两个读音，一读阳平[ie^{11}]，指食盐；一读阳去[ie^{341}]，是腌的意思，不过在“盐菜”里也要读变调[11]。“盐菜”即腌过的菜，也指腌菜之事。

以前生活条件差，除了逢年过节和来客人以外，一年到头都以吃“盐菜”为主。因此，家家户户都要腌菜，山区的人腌菜水平更高。“盐菜”的主要品种有白菜、芥菜、萝卜、豇豆、黄瓜、辣椒、藠头、姜等。与“盐菜”相对的新鲜蔬菜叫“活菜”[uo^{11}tsʰɛ^{52}]。

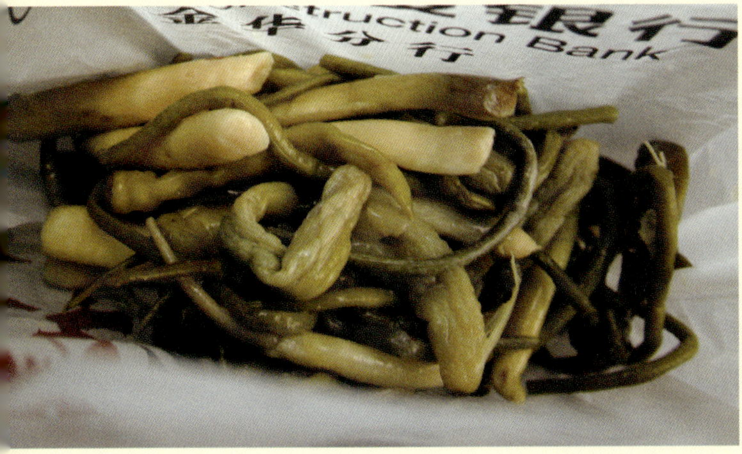

图4－45 盐菜

图4-46 生菜

图4-47 生菜梗儿

生菜 [sa^{24}tsʰɛ^{0}]

“生菜”是指腌过的叶子菜，包括白菜、芥菜、“九头芥”[tɕiəɯ^{52}dəɯ^{113}kɑ^{0}]（雪里蕻）等。其中，用白菜的帮儿腌成的菜叫作“生菜梗儿”[sa^{33}tsʰɛ^{33}kuɑŋ^{52}]。

图4-48 烂生菜滚豆腐

烂生菜滚豆腐 [lo^{11}sa^{24}tsʰɛ^{0}kuai^{52}dəɯ^{11}fu^{52}]

“生菜”腌的时间过长，会发生腐烂，叫作“烂生菜”。把“烂生菜”（尤其是雪里蕻腌的）和农家豆腐放在一起慢慢煮，闻起来臭，吃起来味道鲜美，别具风味。“烂生菜滚豆腐”是汤溪的一道名菜。“滚”[kuai^{535}]是炖的意思。

咸菜 [uo^{113}tsʰɛ^{0}]

即霉干菜。把芥菜、白菜等晒至半干，用盐抹、搓，放一晚上，次日用蒸笼蒸，或放在锅里用少量水煮，切碎以后再晒。一般是咸的，但也有淡的，叫“淡咸

图4-49 晒芥菜

图4-50 咸菜

菜”[do^{11}uo^{113}ts^{h}ɛ^{0}]。“咸菜”除了当菜吃以外，也是当地风味食品“酥饼”“葱烧饼”的重要原料。

笋干 [sei^{52}kɤ^{24}]

汤溪盛产毛竹，因此竹笋是本地的重要食材。竹笋有“冬笋”[nɑo^{33}sei^{535}]和“春笋”[tɕ^{h}iai^{33}sei^{535}]两种。冬笋埋在地下，不易挖到。春笋则很普遍，产量很高，笋干都是用春笋晒的。

图4－51 冬笋

图4－52 春笋

图4－53 笋干

图4－54 蕨萁

蕨萁 [tɕiei^{55}i^{0}]

即蕨菜。通常叫“大莨萁个头儿”[dɤ^{11}lo^{113}i^{0}kə^{0}dəŋ^{113}]，“大莨萁”即蕨，“萁”字声母脱落。

图4-55 马兰头

图4-56 苦益

马兰头 [mo^{11}lai^{113}dəɯ^{0}]

当地田间的一种野菜。

苦益 [k^{h}u^{52}iei^{55}]

当地山上的一种野菜。也是中草药，可清热解毒。

豆腐 [dəɯ^{11}fu^{52}]

豆腐是本地的家常菜，品种包括鲜豆腐、豆腐干、香干、“千张”[ts^{h}ie^{24}tɕio^{0}]、“敬$^{=}$豆腐”[tɕiei^{33}dəɯ^{11}fu^{52}]（豆腐泡）、“豆腐生”[dəɯ^{11}vu^{11}sa^{52}]（戳碎加酱油拌的生豆腐）、“霉豆腐”[mɛ^{33}dəɯ^{11}fu^{52}]（豆腐乳）、“豆腐糟”[dəɯ^{11}vu^{11}tsə^{52}]（豆腐渣）等。

图4-57 豆腐

酱 [tsɤ52]

自制的豆瓣酱。做豆瓣酱叫作“浇酱”[tɕiə24tsɤ0]。先用小麦培育发酵的菌，叫作“捞酱黄”[pa33tsɤ24ɑo0]。把黄豆浸泡至胀，煮熟，剁碎，加入盐和“酱黄粉”[tsɤ33ɑo33fai535]（即用“酱黄”碾成的面儿），盛在钵里，盖上纱布，放在烈日下晒一个星期，即可成酱。

图4－58 酱

盐肉 [ie11ȵiɔ113]

即腊肉。先把猪肉（或鸡鸭鱼肉）抹上盐，有的还抹白酒，放在缸里，用竹片、石头压实，一个星期后挂到户外，直至风干。另一种方法是把肉放在少量酱油里浸泡，几天后挂到户外，直至风干。以前山区买鲜肉不方便，山民过年时把猪宰了后，整只都腌起来，能存放食用大半年，而且味道鲜美。

“火腿”[xuɤ52thɛ535]是金华的著名特产，但汤溪一带基本上不生产。

图4－59 盐肉

图4－60 盐肉炒笋干

图4－61 油菜籽

图4－62 茶籽

菜油 [tsʰɛ^{24}iəɯ^{0}]

即菜籽油。是当地最常用的食用油。

茶油 [dzo^{113}iəɯ^{0}]

用当地山区的“茶籽”[tso^{33}tsɿ^{535}]（油茶）榨的油，是一种高级植物油，一般只供孕妇、产妇食用。

四 起居

洗衣裳 [$\text{sie}^{52}\text{i}^{55}\text{ʑio}^{0}$]

汤溪河沟、池塘众多，很多村庄为了用水方便，专门把水沟引入村中，随胡同绕行，或在村中、村旁挖建水塘。妇女们洗衣服时，喜欢三五成群，边干活儿边聊天，在水边的石板上用“□槌”[$\text{lie}^{113}\text{dʑi}^{0}$]（棒槌）连续捶打，发出“嘭、嘭”的声音，构成了当地乡村生活的一幅图景。

图4－63 洗衣裳

午罢 [ŋ^{11}bɑ^{113}]

也叫“点心”[nie^{52}sei^{24}]。当地传统一天四餐。早餐叫“五更”[ŋ^{11}ga^{113}]或“粥儿”[tɕioŋ^{55}]，午餐叫“午饭”[ŋ^{11}vo^{341}]，晚餐叫“夜饭”[iɑ^{113}vo^{0}]或“夜粥”[iɑ^{11}tɕiɔ^{55}]。“午罢”是午餐和晚餐之间的一餐，大约在下午两点左右吃。“午罢”不是正餐，吃得比较简单，多为粉干、面条或者剩饭。

打平伙 [na^{52}pei^{33}xuɤ^{535}]

即打拼伙。以前集体经济时代，同一个生产队的人，各自从家里拿来饭菜，同时生产队也出一部分，大家聚在一起饱餐一顿。一年中只有一两次这样的活动。

豁拳 [xuo^{55}dʑiɤ^{0}]

即划拳。两人同时伸出手指，并同时喊出数目，所喊数目跟两人伸出的手指总数相符则为赢。数目用语为：一定恭喜，两家好（或“元宝一对”），三元及第，四季发财，五经魁首，六六大顺，七巧图，八仙过海（或“八美双杯”，猜中罚两杯），九九为仙（或“九寿图”），十全大利（或“十足满余”、“秃⁼来”[tʰɔ^{55}lɛ^{11}]。“秃⁼来”即都来的意思）。实际上说的时候会有省略、重复或变化，其中某些字词的发音使用文读音。划拳时两人之间一轮七杯，每一轮开头要先说帽子：“全福寿，福寿全。”如果一个人跟全桌的人挨个儿都划一遍，叫作“打汤罐”[na^{52}tʰo^{24}kuo^{0}]。

图4－64 豁拳

上横头 [ʑio^{11}ua^{113}dəɯ^{0}]

八仙桌的内侧（即背靠墙脸朝门的位置）叫作“上横头”，是最重要的座位，通常只有长辈才能坐。与“上横头”对着的位置（即背对大门的）叫作“下横头”[uo^{11}ua^{113}dəɯ^{0}]，是末席。“上横头”和“下横头”之间的位置无明显的主次之分。（参见图 1–9）

图4－65 烟筒

图4－66 烟口周$^{=}$儿，纸捻

烟筒 [ie^{24}dɑo^{0}]

也叫“旱烟筒”[ɤ^{11}ie^{24}dɑo^{0}]，即旱烟袋。用毛竹的根茎制成，以包括十八个节的“十八节儿”[ʑiɛ^{11}po^{52}tsiaŋ^{55}]为上品。烟袋锅儿叫“烟筒杯儿”[ie^{33}tɑo^{33}peŋ^{24}]或“烟筒子”[ie^{33}tɑo^{33}tsɿ^{535}]。（见图 4–65）

有一种烟袋锅儿直接嵌在烟袋杆儿里，呈三角形，这种旱烟袋叫作“烟口周$^{=}$儿”[ie^{33}k^{h}ɯ^{52}tɕiəŋ^{24}]，“周$^{=}$”[tɕiəɯ^{24}]是吸的意思。因为这种烟袋锅儿很浅，只能装很少的烟丝，所以吸一两口就要倒掉，再装入新的烟丝，更换频率很快。点烟用的纸煤儿叫作“纸捻”[tsɿ^{52}mie^{113}]或“纸煤头”[tsɿ^{52}mɛ^{113}dəɯ^{0}]，用黄表纸卷成，需要点的时候吹一下就着了。（见图 4–66）

市日 [zɿ^{11} ȵiei^{113}]

以前汤溪镇上逢农历二、五、八为“市日”，只买卖猪崽，现已取消。

望社会 [mɑo^{11}ʑiɑ^{11}uɛ^{341}]

汤溪一年中有三个庙会：农历四月十六、八月十五、冬至，其中四月十六是汤溪的城隍（也是汤溪第一任县令）——宋约的生日。除此之外，八月初一九峰岩也举行庙会。其他的物资交流会还有：正月廿六（汤溪镇黄堂村）、二月十四和十月初四（汤溪镇厚大村）、十月廿五（汤溪镇中戴村）等。汤溪话把庙会叫作“社会”[ʑiɑ^{11}uɛ^{341}]，后来兴起了物资交流会，叫作“交流”[tɕiə^{24}ləɯ^{0}]或“会场”[uɛ^{113}dʑio^{0}]。但由于庙会的传统特色不断淡化，逐渐变得跟物资交流会没什么区别，都成了逛街购物的节日，二者在名称上也混而不分了。“望社会”也可叫作“望交流”[mɑo^{11}tɕiə^{24}ləɯ^{0}]或“望会场”[mɑo^{11}uɛ^{113}dʑio^{0}]。

打人命 [na^{52}ʑiai^{113}mei^{0}]

嫁到外村的女人如果被婆家迫害致死，本村本族的人集体前去抄家、烧房、打人。此时婆家人只能全体逃走，待他们返回村中，全家房屋财产已被抢烧一空，仅剩地基了。这是旧时遗留下来的恶俗，现在已很少见。“打人命”也引申指剧烈吵闹、打架。俗话说“一个铜钿一个命，两个铜钿打人命”[i^{52}kɑ^{52}dɑo^{113}die^{0}i^{52}kɑ^{52}mei^{341}，lia^{11}kɑ^{52}dɑo^{113}die^{0}na^{52}ʑiai^{113}mei^{0}]，意指视钱如命。

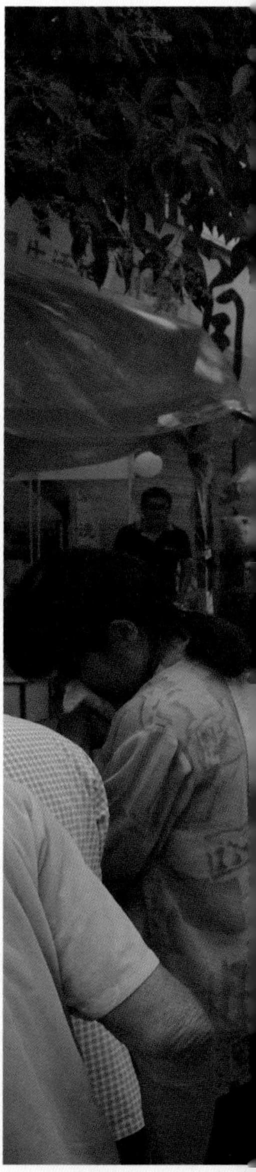

图4－67 望社会

伍·农工百艺

图5－1 出门

汤溪话把活儿叫作“生活”[sa^{33}uo^{24}]，把干活儿叫作“做生活”[tsɤ^{33}sa^{33}uo^{24}]，把下地干活儿叫作“出门”[tɕʰiɤ^{55}mai^{0}]（见图 5－1）。从这些词语里，可以看到当地老百姓的日常生活。对他们而言，生活就是年复一年、日复一日的田间劳作。

汤溪属于农业区，以种植水稻为主。长期以来，形成了全面、丰富的稻作文化。例如插秧之前整理田地的过程就分为“耕田”[ka^{24}die^{0}]、“耙田”[bɤ^{113}die^{0}]、“耖田”[tsʰə^{24}die^{0}]等多道工序。由于稻作的工序和技术相对比较复杂，农具也多种多样。不过，随着农业技术水平和机械化程度的不断提高，传统的耕作方式已经大大简化，农民的体力劳动时间和工作量有了大幅度的下降。

山区的生活有自己的特点，例如种玉米、种香菇、打野猪、编制竹器等。

汤溪偏居一隅，农民们自产自销，自给自足，历来缺少商业活动。为数不多的传统手工艺，例如“做泥水”[tsɤ^{33}ȵiɑ^{33}ɕiei^{535}]、“做木”[tsɤ^{33}mɔ^{24}]、“做篾”[tsɤ^{33}mie^{24}]等，都是为了满足老百姓最基本的日常生活需要，工匠也是当地人。

跟其他地区一样，近几十年来，汤溪也有大量中青年外出打工，很多村子只剩下老年人在家里生活和务农。不过，随着位于汤溪镇的金西开发区的建立和发展，越来越多的人留在了本地打工，并逐渐形成早晨、傍晚在家干农活，白天到汤溪厂里打工的半工半农的工作方式。

一　农事

田 [die^{11}]

当地的田地分为“田”和“山搭⁼”[so^{33}to^{55}]两大类。“田”指水田，主要用于种水稻。“山搭⁼”指山坡上的旱地，主要用于种红薯、豆子、蔬菜等，“搭⁼”[to^{55}]是畦的意思。山区梯田层层，直入云霄，被比喻为“蒸笼叠塔”[tɕiai^{24}lɑo^{0}dia^{11}tʰo^{55}]。

以前为了支持家族的公益活动，一个家族往往划出一部分田作为公有，叫作“太公田”[tʰɑ^{33}kɑo^{24}die^{0}]。现在已无。

图5－2 田，山搭⁼

图5-3 蒸笼叠塔

耕田 [ka^{24}die^{0}]

为了把水田整理成可以插秧的田，第一道工序是“耕田”。当地用于农事的畜力多为黄牛，也有水牛。耕田用的农具主要有“犁”[lie^{11}]和“牛轭”[ȵiəɯ^{33}a^{55}]，犁铧叫“犁头”[lie^{113}dəɯ^{0}]，犁的扶手叫“犁尾巴”[lie^{33}ŋ^{11}pɤ^{52}]。

图5-4 耕田

图5-5 犁，牛轭

耙田 [bɤ^{113}die^{0}]

“耙田”是用“耙”[bɤ^{341}]把耕起来的土块弄碎。“耙”有两种样式。一种是刀形齿的，叫“平耙”[bei^{113}bɤ^{0}]。（本条图中的是“平耙”）另一种是圆形齿的（行进中会滚动），叫“滚耙”[kuai^{52}bɤ^{341}]。为增加压力，耙田时人要站在上面。

图5－6 耙田

图5－7 耙

图5－8 耖田

图5－9 耖

耖田 [ts^{h}ə^{24}die^{0}]

“耖田”是用“耖”[ts^{h}ə^{52}]把耙过的土推平。“耖”有铁齿的，也有竹齿或木齿的（图5–9是竹齿的）。耕田、耙田、耖田用的农具统称为“犁耙耕耖”[lie^{33}bɤ^{11}ka^{24}ts^{h}ə^{0}]，有时也泛指农具。

种田 [tɕiɑo^{24}die^{0}]

即插秧。在插秧之前，要从“秧田”[io^{24}die^{0}]里把秧苗拔出来，叫作“摒秧”[ma^{33}io^{24}]。在一季稻子里，头一回插秧叫作“开秧门”[k^{h}ɛ^{33}io^{24}mai^{0}]。

种田是农村里最重要的农活，因此“种田”一词被用来代指务农，“种田农”[tɕiɑo^{24}die^{0}nɑo^{0}]即为农民，“种田农家”[tɕiɑo^{33}tie^{33}nɑo^{24}kuo^{0}]就是农民家庭、农家。

图5－10 种田

图5－11 呼⁼田

图5－12 田箍

呼⁼田 [xu^{24}die^{0}]

也叫“搂田”[ləɯ^{11}die^{11}]。在水田里为稻子除草。“呼⁼田”用的农具是一个铁片箍，有长柄，叫作“田箍”[die^{113}k^{h}u^{0}]。使用时在水稻行间推拉，把杂草除掉。

栏粪 [lo^{113}fai^{0}]

把青草、稻草等放在猪圈里，和猪的粪便混合在一起，经过较长时间沤成的肥料叫作“栏粪”。要用簸箕挑到田地里去。是主要的农家肥。

浇粪 [tɕiə^{24}fai^{0}]

用马桶把粪便挑到田地里去，给庄稼、蔬菜等浇肥。

图5－13 栏粪

图5－14 浇粪

火泥灰 [xuɤ^{52}ȵia^{113}xuɛ^{0}]

把草连泥一起铲下，堆在一起烧成的草木灰，是一种肥料。以前，稻草都要拿回家做燃料，但现在通常都在田里就地烧成“稻秆灰”[də^{11}kɤ^{52}xuɛ^{24}]，用来当肥料。在庄稼地里撒灰叫作“印$^{=}$灰”[iei^{33}xuɛ^{24}]。

图5－15 稻秆灰

稻秆农 [də^{11}kɤ^{52}nɑo^{11}]

即稻草人。稻谷抽穗后把它放在田里，用以吓走麻雀。以前是用稻草捆扎而成的，现在简化了，有的只挂一件旧衣服充当。

割稻 [kɤ^{52}də^{113}]

收割水稻。割稻用的镰刀叫“钐镙儿”[so^{33}tɕiŋ^{55}]，刀片弯月形，带很密的小锯齿。

图5－16 割稻

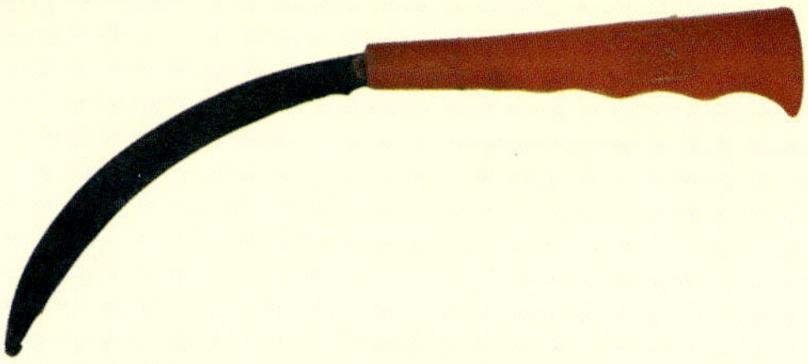

图5－17 钐镙儿

图5－18 打稻

图5－19 稻方

打稻 [na^{52}də^{113}]

“打稻”就是把割下来的稻子放在大木桶里摔打，使稻谷脱落。“打稻”用的木桶叫作“稻方”[də^{11}fɑo^{24}]，也叫“稻桶”[də^{11}dɑo^{113}]。平原地区多为方形，山区多为圆形（见图 5–19 左侧）。“稻方”的底部安有两条木轨，以方便在田里往前拉动。为便于摔打稻穗，要在“稻方”里斜放一块梯形栅栏，叫作“稻帘”[də^{11}lia^{113}]。为防止稻谷溅出，要在“稻方”的三侧围上一张大竹席，这种竹席叫作“插翼”[ts^{h}o^{52}iei^{113}]。不过，现在“打稻”基本上都使用机械了。

打豆 [na^{52}dəɯ^{341}]

用连枷把晒干了的豆子打出来。汤溪话把连枷叫作“掉铲”[dɤ^{11}ts^{h}o^{52}]，“掉”[dɤ^{341}]是晃荡的意思，因其整体像铲子的形状，故名。

图5－20 打豆

图5－21 掉铲

图5－22 油麻

敨油麻 [tʰəɯ^{52}iəɯ^{113}mɤ^{0}]

先把收割后的芝麻扎成小捆，在烈日下晒至芝麻荚欲裂开的程度，再放在大竹匾里“敨”[tʰəɯ^{535}]。“敨”的时候一只手提着成捆的芝麻秆儿，另一只手用力拍打它，使芝麻粒从中掉下来，堆积在大竹匾里。“敨”是展开、打开的意思。

图5－23 种香菇

种香菇 [tɕiɑo^{33}ɕio^{24}ku^{0}]

山区有“种香菇”的。以前都用原木或段木栽培。（见图 5–23）现在则采用新技术，在“香菇棚”[ɕio^{33}ku^{24}bɑo^{0}]里以木屑为原料大批量栽培。（见图 5–24）

图5－24 香菇棚

二 农具

锄头 [zɿ^{113}dəɯ^{0}]

锄头是农民的基本工具，当地男子只要“出门”，就要背上一把锄头。锄头的种类很多，功能也有所不同。其中最常用的有两种，一是“尖角锄”[tsie^{33}kuo^{55}zɿ^{0}]，较窄，有两个尖角，多用于掘土、松土（图 5–25 中左侧的两把）；二是“草泥锄”[tsʰə^{52}ȵiɑ^{113}zɿ^{0}]，较宽，平口，多用于锄草（图 5–25 中右侧的一把）。此外还有：

宽板锄[kʰuo^{52}mo^{52}zɿ^{11}]：样式像“草泥锄”，但更宽。

捶锄[tɕi^{24}zɿ^{0}]：样式像“尖角锄”，但显得更厚重，用起来更有力，用来刨硬地。“捶”单字读[tɕi^{52}]，指用锄头砸。

两个齿儿[lia^{11}kɑ^{33}tsʰɿŋ^{52}]：有两个长齿的，用来挖山地。（见图 5–26）

铁耙[tʰia^{55}bo^{0}]：铁齿的钉耙，用来耙“栏粪”等。（见图 5–27）

细锄头儿[sia^{33}sɿ^{33}təŋ^{24}]：一种很短小的锄头，用来种菜、挖蚯蚓等。

图5－25 锄头

图5－26 两个齿儿

图5－27 铁耙

扁担 [mie^{52}no^{52}]

一般的“扁担”为硬木所制，扁平，两头微翘，上面通常写着主人的姓名。（见图5–28）此外还有几种较特殊的：

柴楤[zɑ^{11}tɕʰiɑo^{24}]，又读[zɑ^{113}tɕʰiɑo^{0}]：比普通扁担更长、更粗，两头尖，用来挑柴火。（见图5–29）

尖楤棍[tsie^{33}tɕʰiɑo^{33}kuai^{535}]：样式像“柴楤”，但是圆柱形的。

担钩[no^{33}kɯ^{52}]：两头系着两根绳子，下端带钩子。（见图5–30）

水担摘$^{=}$[ɕiei^{52}no^{33}tsa^{55}]：两头悬挂两根铁链，下端带铁钩，用来挑水桶。（见图5–31）

毛竹扁担[mə^{33}tɕiɔ^{52}mie^{52}no^{52}]：用毛竹做成的扁担。

图5－28 扁担

图5－29 柴楤

图5－30 担钩

图5－31 水担摘$^{=}$

图5－32 担拄

图5－33 “担拄”功能之二

担拄 [no^{52}tu^{52}]

也叫“打拄”[na^{52}tu^{52}]。与肩齐高，上端带一个浅槽。“担拄”可以说是扁担的伴侣，其功能有两个。一是当担子挑在一个肩上时，把“担拄”架在另一个肩上，用它的上端垫在扁担下面（浅槽与扁担相扣），以将担子的部分重量转移到这个肩上。（见图 5–32）二是挑担途中要暂时休息一下时，把“担拄”立在地上，上端顶着扁担，即把担子转移到“担拄”上，人扶着担子站着休息。（见图 5–33）

挑重担（例如稻谷、栏粪等）时途中需要多次休息，两次休息（亦即两次用“担拄”代替肩膀顶着担子）之间的路程叫作“担拄路”[no^{52}tu^{24}lu^{0}]。平时也用这个词指路程，大约四五百米，例如“两个担拄路”就是将近一公里。

挈箕 [tɕ^{h}ie^{55}tɕi^{0}]

有高梁的簸箕，多用竹篾编成，用来挑东西（例如稻草、蔬菜、沙石等）。梁比较矮（比图 5–34 中的差不多矮一半）的叫作“细挈箕儿”[sia^{33}tɕ^{h}ie^{52}tɕiŋ^{24}]。还有一种比较简陋的簸箕，底部用木条或竹片做成栅栏状，叫作“狭夹儿”[uo^{11}kuŋ^{55}]。

图5－34 挈箕

图5－35 狭夹儿

箩 [lɑ^{11}]

平原地区的多为方底圆口，上下一样大。（见图 5–36）山区的多为圆底圆口，上大下小。（见图 5–37）箩外侧起固定作用的竹片叫作“箩箬”[lɑ^{113}tsʰɤ^{0}]，系于“箩箬”上作为提纽的麻绳叫作“箩线”[lɑ^{113}sie^{0}]，有的箩还配有“箩盖”[lɑ^{113}kɛ^{0}]。小一号的箩叫作“细箩儿”[sia^{33}lɑoŋ^{24}]。

拚斗 [fai^{33}təɯ^{535}]

用来撮粮食（见图 5–38 妇女手里拿着的）或簸粮食的簸箕，一般无梁，也有带梁的。“拚斗”也指簸箕形指纹（圆形的叫“脶”[lɤ^{11}]）。

图5－36 箩

图5－37 箩，箩盖

图5－38 拚斗

图5－39 带梁的“拚斗”

图5－40 炭篓

图5－41 猪箁

炭篓 [tʰo^{33}ləɯ^{113}]

一种高大、大孔的竹篓，圆桶形，在山区用来装大块的木炭，也可装玉米、红薯等。木炭有“白炭”[ba^{11}tʰo^{52}]、“乌炭”[u^{24}tʰo^{0}]之分，“白炭”是用硬木烧成的，结实耐烧，多用来烤饼等，“乌炭”是用杂木烧成的。

猪箁 [tsɿ^{33}bu^{113}]

装小猪用的竹篓，圆口、大肚、大孔，约有一米高。

搭笼 [kʰuo^{52}lɑo^{113}]

一种小竹篓，口小，葫芦形，捉鱼或捉泥鳅用。“搭”[kʰuo^{52}]是捉的意思。

手车 [ɕiəɯ^{52}tsʰɑ^{24}]

农用独轮手推车。双手握着车把推动前进，车把叫“车手儿”[tsʰɑ^{33}ɕiəŋ^{52}]。为了利用肩膀分散重量，有的还用一根胶皮带系于两个“车手儿”上，套在肩膀上，叫“车辫”[tsʰɑ^{33}bie^{113}]。当地也有“双轮车”[ɕiɑo^{33}lai^{24}tsʰɑ^{0}]，但比较少见。

图5－42 手车

柴刀 [zɑ^{113}tə^{0}]

砍柴用的刀子，刀口直而长，用起来比较有力。为携带方便，当地人往往把刀鞘系于腰间，把柴刀插在背后。这种刀鞘叫作“刀壳”[tə^{33}k^{h}uo^{55}]，把一块长方形木头的中间挖空而成。

图5－43 柴刀

图5－44 刀壳

草刀 [ts^{h}ə^{52}tə^{24}]

割草用的刀子，刀口“L”形，主要部分是横向的。

图5－45 草刀

皂籽刀儿 [zə^{11}tsɿ^{52}təŋ^{24}]

“皂籽”[zə^{11}tsɿ^{535}]即乌桕。乌桕成熟时，要用“皂籽刀儿”把乌桕种子挑下来。刀口向外，有很长的柄，使用时对准乌桕枝子向外推刀子，使带种子的枝头掉下地来。

图5－46 皂籽刀儿

毛羽= [mə^{33}i^{113}]

一种筢子，用火把竹条烤成钩子，编成扇形，有长柄。用来搂稻草、松针等。

图5－47 毛羽=

风车 [fɑo^{24}tsʰo^{0}]

把谷物从顶部的斗里倒进去，慢慢往下落，落的过程中摇动内部的木扇，用风力把空壳、尘土、草屑等从左侧吹出去，让干净的籽粒落下，从前面的口中淌出来。图 5–48 斗上“激浊扬清”四个字贴切地描述了这种农具的功能。

图5－48 风车

图5－49 谷筛

图5－50 筛谷

筛 [sɿ^{24}]

筛子。主要有三种。一是“谷筛” [kɔ^{55}sɿ^{0}]，孔较大，稻子脱粒后用它把籽粒筛下去，把碎草留在上面。二是“米筛” [mie^{11}sɿ^{24}]，孔较小，用来筛大米等粮食，把尘土筛下去，把干净的粮食留在上面。三是“皮$^{=}$筛” [bi^{113}sɿ^{0}]，孔比“米筛” 更小，用来筛芝麻、油菜籽等。

图5－51 米筛

簟翼 [die^{11}iei^{113}]

摊晒粮食用的大竹席，约二丈长，一丈宽。较小的叫 “插翼” [ts^{h}o^{52}iei^{113}]。图 5–52 中右前方的是 “簟翼”，近处的是 “插翼”（参见图 5–18）。

谷搂 [kɔ^{52}ləɯ^{113}]

上下各有一排齿的木耙，有长柄。晒稻谷等粮食时，用它摊开粮食，或在粮食上推拉以翻动粮食。

图5－52 簟翼，插翼

图5－53 谷搂

图5－54 车

图5－55 车骨

车 [ts^ho^{24}]

即水车。由车架和车身两大部分组成。车架部分在主轴上安有很多圆木，人攀在上面的横梁上，用脚踩动圆木，以使齿轮带动龙骨，通过木槽的下层把低处的水拉上来。主轴上的圆木叫作“车捋⁼”[$ts^ho^{33}lɛ^{113}$]（“捋⁼”[$lɛ^{113}$]是瘤子的意思）或“车农头”[$ts^ho^{33}nɑo^{24}dəɯ^{0}$]，链条式的轴叫作“车骨”[$ts^ho^{33}kuei^{55}$]，上面的方块形木板叫“车板”[$ts^ho^{33}mo^{535}$]。当地的水车都是脚踩型的，使用时需要三四个人一起用力踩，因此叫作“踏车”[$do^{11}ts^ho^{24}$]。

三　手工艺

手艺 [ɕiəɯ⁵²n̠i³⁴¹]

汤溪话把手工艺叫作“手艺”，把从事手工艺叫作“做手艺”[tsɤ³³ɕiəɯ⁵²n̠i³⁴¹]。从事手工艺的工匠一般叫“老师”[lə¹¹sɿ²⁴]（教师以前叫“先生”[sie²⁴sa⁰]，现在叫“老师”[lɑ⁵²sɿ⁰]，是文读），例如“泥水老师”[n̠iɑ³³ɕiei⁵²lə¹¹sɿ²⁴]（泥瓦匠）、“做木老师”[tsɤ³³mɔ¹¹lə¹¹sɿ²⁴]（木匠）、“做篾老师”[tsɤ³³mie¹¹lə¹¹sɿ²⁴]（篾匠）等。有的行业也有专门的叫法，例如“牛行郎”[n̠iəɯ³³uo²⁴lo⁰]（贩牛的人）、“轿夫”[dʑiə¹¹fu⁵²]、“花娘”[xuo²⁴n̠io⁰]（旧时教人绣花的妇女）。

做泥水 [tsɤ³³n̠iɑ³³ɕiei⁵³⁵]

指做泥瓦工，最主要的工作就是盖房子，包括打地基、垒墙、盖瓦、粉刷等，需要有较高的技术水平。

做木 [tsɤ³³mɔ²⁴]

指做木工，包括盖房子时的所有木工活，技术难度较高。木匠所用的工具各地大同小异，图 5–56 是一个本地的传统工具箱。

图5－56 “做木”的工具箱

图5－57 作马

图5－58 绞马儿

作马 [$tso^{52}mo^{113}$]

用粗圆木做成的鞍马形的木工用具，木匠干活时用来在上面劈木头。

绞马儿 [$gə^{11}muŋ^{52}$]

由一个“×”形支架和一根长尾巴构成的三脚架，木匠锯木头时把木头架在“×”形支架上，可以起到固定作用。“马”单字音[mo^{113}]，阳上字的小称调应为[341]，此处声调特殊。

箍桶 [$k^hu^{33}dao^{113}$]

制作木桶，例如水桶、“脚桶”[$tɕio^{52}dao^{113}$]（木盆）、尿桶等。当地一般用篾条做箍，叫“箍桶篾”[$k^hu^{33}dao^{11}mie^{113}$]。“箍”字声母送气。

做篾 [$tsɤ^{33}mie^{24}$]

指做竹器，例如箩、席子、篮子等。当地盛产毛竹，竹器非常普遍。篾匠的工具比较简单，主要有锯子、“篾刀”[$mie^{113}tə^{0}$]、“车钻”[$ts^ho^{24}tsɤ^{0}$]等。“篾刀”用来把竹子劈成篾片。“车钻”是一种手拉钻，通过来回拉动主轴，使钻头慢慢深入，木匠也用。

图5－59 补箩

图5－60 车钻

雕花 [tɤ^{33}xuo^{24}]

也叫“刻花”[k^{h}ɛ^{52}xuo^{24}]。当地的雕刻工艺主要有木雕和石雕两种，木雕、石雕都叫“雕花”，“花”则泛指花草、鸟兽、人物等图案。

图5－61 雕花

图5－62 花床上的“花”

图5－63 木门楼上的“花”

图5－64 砖门楼上的“花”（九狮戏球）

图5－65 砖门楼上的“花”（局部）

图5－66 家具上的“花”

画花 [uɑ^{11}xuo^{24}]

在家具（例如花床、橱柜、箱盒）上面绘画叫作“画花”。“画花”这种手艺通常由油漆匠兼任，不过油漆匠当中只有少数人会绘画。以前还有专门给人画肖像的，叫作“裱画”[pie^{52}uɑ^{341}]。

弹棉花 [to^{33}mie^{24}xuo^{0}]

把棉花弹成棉絮、棉衣等叫作“弹棉花”。弹棉花的工具主要是一张大弓和一个木槌，后者叫“□棉槌”[mɑo^{33}mie^{24}dʑi^{0}]，“□棉”[mɑo^{113}mie^{0}]即棉花。弹的时候大弓插在背上，形如雉尾，随着木槌的敲击，不断发出“嘭、嘭”的声音。

图5－67 弹被絮

打铁 [na^{52}tʰia^{55}]

打造铁器，多为锄头等农具。一般是一个师傅带着一两个徒弟，在村里找一户人家住下，连续干个把月。铁匠多是从邻县永康过来的。

打细铁儿 [na^{52}sia^{33}tʰiɑŋ^{55}]

即锢露（用熔化的金属堵塞金属器物的漏洞），主要是补锅、盆、杯子等，通常兼修锁、配钥匙。“打细铁儿”的工匠多是从邻县永康过来的。

图5－68 錾字（二字为“敞生”）

图5－69 补过的“筨⁼”

补碗 [pu^{52}uo^{535}]

碗破裂后，用胶和锔子把它锔好。补碗的匠人同时兼“錾字”[zɤ^{11}zʅ^{341}]，就是在碗上刻字，通常是刻主人的名字，以防止在互相借用中搞混。缸、“筨⁼”[tɤ^{55}]（坛子）、钵等陶器破裂后也要补，方法跟补碗差不多，先用自己加工成的黏合剂填入缝隙，再在裂缝两侧钉上大锔子加以固定。因此，补碗的匠人往往也兼干补缸等活儿，但现在补碗的手艺已消失，补缸、补“筨⁼”还偶尔可见。

厨头 [dʑi^{113}dəɯ^{0}]

也叫“厨头老官”[tɕi^{33}təɯ^{33}lə^{11}kuo^{24}]，即厨师。当地的“厨头”平时都是农民，婚丧宴会上临时聘去给人家掌勺做饭。

图5－70 厨头

图5－71 打坟面

打坟面 [$na^{52}vai^{113}mie^{0}$]

“坟面”[$vai^{113}mie^{0}$]是坟墓的前面部分，以前多用石头或砖砌成，现在多为石碑，由石匠按要求打造、雕刻而成。

做瓦 [$ts\gamma^{33}uo^{113}$]

先把经水牛踩熟的泥贴到转筒上，在转动过程中逐渐抹匀、成形，取下来放在场院上晾晒，干了后再放入窑中烧制。图 5–72 是已做好的瓦坯子。

图5－72 做瓦

四 商业

茶馆店 [tso^{33}kuo^{52}nie^{52}]

即茶馆。设于集镇，是当地人喝茶聊天的场所。

图5－73 茶馆店

吃食店 [tɕ^{h}iei^{52}ʑiɛ^{11}nie^{52}]

即小吃店，一般卖粉干、面条、豆浆、油条、包子、馄饨、豆腐脑、烤饼等。图 5–74 是一个路边的小吃店，图 5–75 是摆在小吃店门口的一个卖豆腐脑的“摊儿”[t^{h}uŋ^{24}]。

图5－74 吃食店

图5－75 摊儿

图5－76 馄饨店

图5－77 黍作店

馄饨店 [uai^{33}tai^{24}nie^{0}]

专门卖馄饨的小吃店。汤溪的馄饨皮儿薄，个儿小。

黍作店 [ɕiei^{52}tso^{52}nie^{52}]

专门制作“四样点心”（即甜馒头、咸馒头、“作糕”、“印馃”，见图4–26）的店。“黍”字其他场合不用，在“黍作店”里岩下读[ɕiei^{52}]，似乎读作“水”字，不符合“黍”字音。汤溪、罗埠一带读[ɕy^{52}]，符合“黍”字音。

绿头担 [lɔ^{11}dəɯ^{113}no^{0}]

即货郎担，可能因“绿头鼓儿”[lɔ^{11}dəɯ^{11}kuŋ^{52}]（货郎鼓）得名。卖针头线脑等日用品，同时兼收鸡毛、鸡内金等。现已绝迹。货郎多是从邻县义乌过来的，他们都是各自单独行动，有一句俗话叫作“义乌佬，自顾自”[ȵie^{11}u^{33}lə^{113}，zi^{11}ku^{24}zi^{0}]。

图5－78 水果摊儿

图5－79 卖草药

摆摊儿 [pɑ^{52}t^{h}uŋ^{24}]

最常见的摊儿是“水果摊儿”[ɕiei^{52}kuɤ^{52}t^{h}uŋ^{24}]。图中在卖杨梅。

卖草药 [mɑ^{11}ts^{h}ə^{52}io^{113}]

集市上卖的草药一般都是从当地山上挖的。图中包括“白毛藤”[ba^{11}mə^{113}dai^{0}]、“野绿头儿”[iɑ^{11}lɔ^{11}dəŋ^{113}]、“脱力红”[t^{h}ɛ^{52}lei^{113}ɑo^{0}]、“地橘儿根”[di^{11}tɕieŋ^{55}kai^{0}]等，学名不详。

秤 [tɕ^{h}iai^{52}]

秤有多种。（参见图 5–78）图 5–80 是一种大木杆秤，需要二人抬着称，因此叫作“扛秤”[kuo^{24}tɕ^{h}iai^{0}]。以前通用十六两制，以十六两为一斤的秤叫作“十六两秤”[ʑiɛ^{11}lɔ^{11}lɤ^{11}tɕ^{h}iai^{52}]或“十六两”[ʑiɛ^{11}lɔ^{11}lɤ^{113}]。相应地，以十两为一斤的秤叫作“十两秤”[ʑiɛ^{11}lɤ^{11}tɕ^{h}iai^{52}]。制作秤叫作“钉秤”[nei^{33}tɕ^{h}iai^{52}]，“钉秤”的匠人会来村中制作新秤，或修理旧秤。

图5－80 扛秤

陆·婚育丧葬

汤溪在婚育丧葬方面仪式复杂，礼节繁多。例如对一般家庭而言，求亲一事既繁又难，真可谓是一个“艰难困苦，玉汝于成”的过程。汤溪话把娶亲叫作“讨亲”[t^{h}ə^{52}ts^{h}ei^{24}]，把娶妻子叫作“讨老马$^{=}$”[t^{h}ə^{52}lə^{11}mo^{113}]，一个“讨”字尽显酸甜苦辣。又如丧事期间要请道士做法事，子孙们披麻戴孝，坟墓高大气派，光是扎一个“灵”[lei^{11}]（见图6－1）就要花费几千元，可谓极尽富丽堂皇，但最终只为付之一炬。

婚育丧葬与家族血脉、香火息息相关，是农村生活中最重大的事件。每逢结婚或出丧，亲友们从四面八方汇聚到一起，共同庆祝新人喜结良缘，或共同哀悼死去的老人，其实这同时也是一个凝聚亲情的好机会。在当今农村逐渐“空心化”的情况下，婚丧活动几乎成了村子里最热闹的时刻。不过，对于调查者来说，婚育丧葬活动的调查难度很大，要想搜集到实态材料实属不易。

以前，在婚礼和丧事中有不少哭唱的歌，现在会的人已越来越少，也很少能见到这种边哭边唱的场面了。

和很多地方一样，重男轻女的观念和现象仍然比较严重。儿子被看作传宗接代的种子，故称“儿种”[ŋ^{33}tɕiɑo^{535}]，一个家庭如无儿子，则视为“断种”[dɤ^{11}tɕiɑo^{535}]。

图6－1 灵

一　婚育

讲做媒 [kuo^{52}tsɤ^{24}mɛ^{0}]

汤溪话把说媒叫作“讲做媒”，媒人叫“媒农”[mɛ^{113}nɑo^{0}]，“农”[nɑo^{11}]即人。传统婚事必须由媒人撮合而成，媒人频繁往返于男女双方之间，很费鞋子，因此男方要专门送一双鞋子给他，事成之后还要专门“谢媒”[zia^{113}mɛ^{0}]。但近几十年来，自由恋爱的越来越多，有时媒人成了一个摆设（为了有媒人，临时找人充当一下）。到今天，很多人结婚时干脆不设媒人了。

望农家 [mɑo^{11}nɑo^{113}kuo^{0}]

也叫“嬉农家”[ɕi^{33}nɑo^{24}kuo^{0}]。男女双方经媒人介绍，自己了解，互相有了初步意向，女方正式前往男方家里探望。一般由母亲、舅妈、姑妈、姐妹等人陪伴女孩同去。目的是要亲自了解男方的家庭情况，特别是房子、经济条件方面的情况。“望农家”意味着女方已对男方有兴趣，是走向成功的关键性一步。因此，男方无不极尽殷勤接待之能事，临走时还要送上大红包，以及各种贵重礼物。比如“七样果子”[ts^{h}ei^{52}io^{11}kuɤ^{52}tsɿ^{535}]，包括红枣、桂圆、荔枝、核桃、莲子、花生、鸡蛋七种物品，这是以前馈赠贵客的礼物。

庴书 [k^{h}uo^{52}ɕi^{24}]

“庴”[k^{h}uo^{55}]是压的意思，现在也叫“定婚”[dei^{11}xuai^{24}]，即订婚。订婚时，男方要给女方送上“聘金”[p^{h}ei^{52}tɕiei^{24}]以及许多礼物，同时附上求婚的帖子。（见图 6–2、6–3）订婚之后，男方要把男孩的生辰八字写在一张红纸上，叫“八字帖儿”[po^{52}zɿ^{11}t^{h}iaŋ^{55}]（见图 6–4），送至女方求得女孩的八字。然后请算命先生或风水先生“合八字”[ɤ^{11}po^{52}zɿ^{341}]，即推算两个人的八字是否相合。如果两人八字相合，就选出两个成亲的日子，并写在红纸上(见图 6–5)，送至女方家里请女方审定和挑选，叫作“起节”[tɕʰi^{52}tsia^{55}]。“起节”时要给女方送去彩礼。

结亲讲究门当户对，汤溪有一句俗话：“大门对大门，狗洞对狗洞”[dɤ^{113}mai^{0}tɛ^{33}tɤ^{24} mai^{0}，kɯ^{52}dɑo^{341}tɛ^{33}kɯ^{52}dɑo^{341}]。

图6－2 鸾书合对，聘礼成双

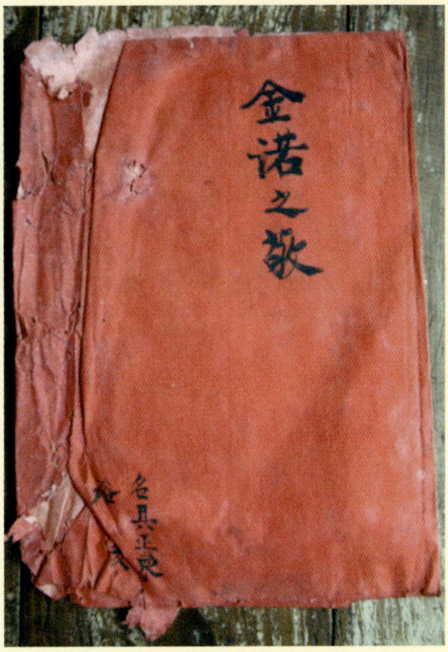

图6－3 金诺之敬（图6－2的背面）

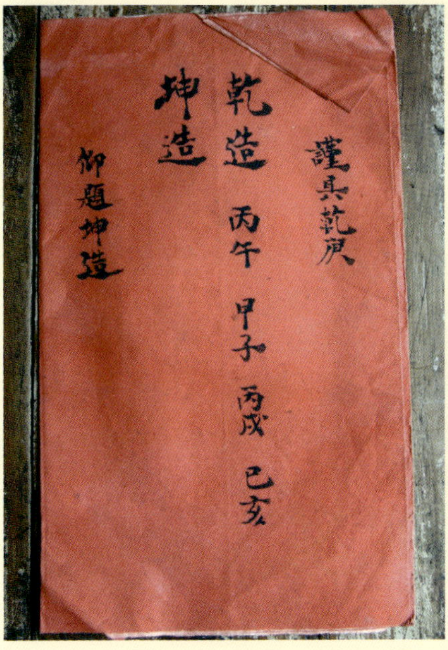

图6－4 谨具乾庚，仰题坤造

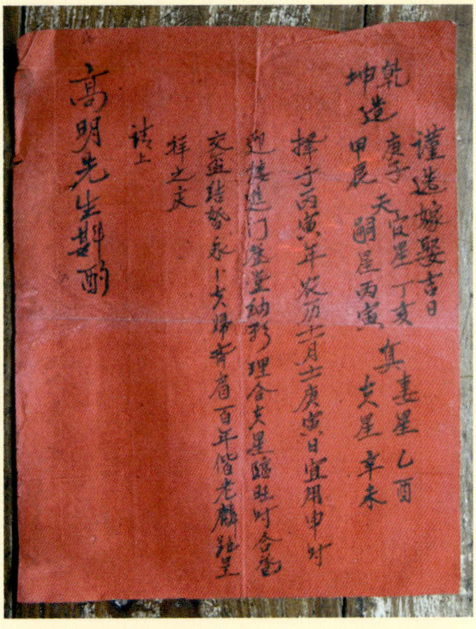

图6－5 谨选嫁娶吉日

嫁妆 [kuo^{33}tɕiɑo^{52}]

图6－6 作“嫁妆”的“米升”

传统的“嫁妆”包括被枕、箱柜、桌椅、木桶、篮筐等各种生活用品，多少好差视娘家经济条件而定。但不管怎样，七个“桶”[dɑo^{113}]是每人必备的，它们是（尽管有的不能算是桶，但当地人都叫作“桶”或看作“桶”）：面桶[mie^{11}dɑo^{113}]（脸盆）、大脚桶[dɤ^{11}tɕio^{52}dɑo^{113}]（大木盆）、细脚桶儿[sia^{33}tɕio^{52}dɑoŋ^{341}]（小木盆）、细尿桶儿[sia^{33}si^{33}dɑoŋ^{341}]（马桶）、挈桶[tɕ^{h}ie^{52}dɑo^{113}]（小水桶，洗衣服用）、大掠桶[dɤ^{11}lɤ^{11}dɑo^{113}]（梳妆盒）、米升[mie^{11}ɕiai^{24}]（舀大米用的，参见图 2–69）。为表示喜庆，嫁妆里的家具都油漆成大红色，有的还要画上图案。

做新妇 [tsɤ^{33}sei^{33}vu^{113}]

也叫“嫁农”[kuo^{24}nɑo^{0}]、“嫁老公”[kuo^{33}lə^{11}kɑo^{24}]，即出嫁。“新妇”[sei^{33}vu^{113}]即媳妇，新娘就叫“新新妇”[sei^{33}sei^{33}vu^{113}]。女儿出门上轿前，要向父母行跪拜礼，母亲要“哭贵子”[k^{h}ɔ^{52}kuei^{33}tsɿ^{535}]，边哭边唱，内容是称赞女儿并祈求她将来婚姻美满、生活幸福，女儿也随之哭泣，表示不舍之情。以前还有专门到嫁女儿的人家“哭贵子”的人。

图6－7 新式的“新新妇”

图6－8 轿

讨亲 [t^{h}ə^{52}ts^{h}ei^{24}]

即娶亲。对公婆而言称“讨新妇”[t^{h}ə^{52}sei^{33}vu^{113}]，对新郎而言称“讨老马$^{=}$”[t^{h}ə^{52}lə^{11}mo^{113}]或“讨农”[t^{h}ə^{52}nɑo^{11}]，“老马$^{=}$”[lə^{11}mo^{113}]即老婆。以前娶亲要用“大红花轿”[dɤ^{11}ɑo^{33}xuo^{24}dʑiə^{0}]（也叫“大红轿”[dɤ^{11}ɑo^{113}dʑiə^{0}]）抬新娘。为酬谢轿夫，要在轿子的前后挂上几块猪肉，叫“轿后肉”[dʑiə^{11}əɯ^{11}ȵiɔ^{113}]；在轿子的底下挂上一些大米，叫“轿下米”[dʑiə^{11}uo^{11}mie^{113}]。“轿后肉”和“轿下米”都归轿夫。

汤溪话把招男子倒插门叫作“招女婿”[tɕiə^{33}no^{11}sie^{52}]，如果是寡妇家招男子上门则叫作“招布袋”[tɕiə^{33}pu^{24}dɛ^{0}]，该男子被人称为“布袋客儿”[pu^{33}dɛ^{11}k^{h}ɑŋ^{55}]，含贬义。如果是寡妇再嫁，该寡妇叫作“二婚”[ŋ^{11}xuai^{52}]，她带至后夫家的子女被人称为“拖油瓶儿”[t^{h}ɑ^{33}iəɯ^{33}peŋ^{24}]，含贬义。以前，寡妇再嫁被视为不吉利的事，出嫁当天天不亮就要出门，以免被别人碰见。男方接亲的人把寡妇接上时，她要把脚上穿的鞋脱下扔掉，换上男方带来的新鞋。

拜堂 [pɑ^{24}do^{0}]

“拜堂”是正式成亲的标志性仪式。一般为先拜天地，再拜父母公婆，最后是新郎新娘互拜。

吃酒 [tɕ^{h}iei^{52}tsəɯ^{535}]

喜宴是婚事的主要环节。汤溪话办酒席叫作“装⁼酒”[tɕiɑo^{33}tsəɯ^{535}]，“装⁼”[tɕiɑo^{24}]是炒菜的意思。因为喜酒往往要摆十几桌甚至几十桌，所以要请专门的厨师来掌勺，请很多妇女帮忙上菜。（见图 6–9）

酒席叫作“大席酒”[dɤ^{11}zei^{11}tsəɯ^{535}]，吃酒席叫作“吃席酒”[tɕ^{h}iei^{52}zei^{11}tsəɯ^{535}]，通常叫“吃酒”。以前，去亲戚家“吃酒”时要送“酒礼担”[tsəɯ^{52}lie^{11}no^{52}]，包括一

图6－9 装⁼酒

图6－10 吃酒

图6－11 敬酒

担黄酒和其他礼物。除此之外，还兴送“联对”[lie¹¹³tɛ⁰]和“匾”[mie⁵³⁵]。“联对”是写有贺词的画轴，“匾”是写有贺词的方镜。不过现在大都简化为只送红包了。

喜宴主要就是大吃大喝。当然，划拳、敬酒等是不可缺少的。（见图 6–10、6–11）

传袋 [dʑiɤ¹¹³dɛ⁰]

婚礼上新娘入洞房时，要用两只蓝布袋倒换着垫在新娘脚底下，新娘脚不沾地，从布袋上步入洞房，叫作“传袋”。谐“传代”之音，寓传宗接代意。

双回门 [ɕiɑo³³uɛ²⁴mai⁰]

拜堂成亲后的第一个农历双数日（不是第二天就是第三天），新婚夫妇一起到女方家拜见长辈和亲戚。

担三朝 [no³³so³³tɕiə²⁴]

娘家在女儿出嫁后的第三天，给女儿送去针线筐、烘篮、鞋子等物。“担”[no²⁴]的本义是挑，引申为送。

做新女婿 [tsɤ³³sei³³no¹¹sie⁵²]

婚后第一个新年的正月初二，新婚夫妇到女方家拜年，叫作“做新女婿”。“做新女婿”时要在村里大放爆竹，以便让全村的人都知道新女婿来了。新女婿要到女方各个近亲家里拜年，各家轮流宴请新女婿，叫作“竖车门”[ʑi^{11}tsʰo^{24}mai^{0}]。

催生 [tsʰɛ^{33}sa^{24}]

女儿分娩前一个月左右，一般要挑农历初一这一天，母亲到女儿家探望，表示希望她早日顺利生产。母亲送去婴儿服装、粽子、鸡蛋等礼物，并用一块特大的尿布包裹起来，放到女儿的床上。粽子是一种特制的小粽子，7个穿成一串，叫作“怀儿粽”[tɕiɑ^{33}ŋ^{24}tsɑo^{0}]（“怀”[dʑiɑ^{11}]是抱的意思），女儿家要把粽子分送给村里的亲戚、邻居，大家再给以回礼。

报生 [pə^{33}sa^{24}]

分娩后第三天，婆家要去儿媳的娘家通报喜讯，同时送去酒、肉、红薯粉等礼物。娘家把礼物分送给亲戚家，过几天后，收到礼物的人家要去产妇家“望产母”[mɑo^{11}so^{52}m^{113}]。

做产母 [tsɤ^{33}so^{52}m^{113}]

即坐月子。“产”《广韵》所简切，读[s]声母，符合古音。“产母”都要穿长袖衣裤，并在头上包一块毛巾。头包毛巾几乎是“产母”的标志。

担满月 [no^{33}mɔ^{11}ȵiɤ^{113}]

婴儿满月时，外婆家要送去礼物，包括婴儿服装、鞋帽、鸡、肉、100个馒头和100个糍粑。满一周岁时，则要“担得周儿”[no^{33}tei^{52}tɕiəŋ^{24}]，主要礼物是粽子，叫“得周儿粽”[tei^{52}tɕiəŋ^{24}tsɑo^{0}]。有句俗话说“满月麻糍得周儿粽”[mɔ^{11}ȵiɤ^{11}mɤ^{113}zʅ^{0}tei^{52}tɕiəŋ^{24} tsɑo^{0}]。

二　丧葬

过老 [kuɤ^{33}lə^{113}]

也叫“过世”[kuɤ^{33}ɕie^{52}]或“过辈”[kuɤ^{33}pɛ^{52}]，婉称老人去世。人去世一般说“死”[sɿ^{533}]，如果死在外地，叫“倒路”[tə^{52}lu^{341}]，例如“倒路外头”。

着衣裳 [tɕio^{52}i^{55}ʑio^{0}]

断气说“脱气”[t^{h}ɛ^{52}tɕ^{h}i^{52}]。人“脱气”之后，开始办理“丧事”[so^{24}zɿ^{0}]。每个村一般都有“棺材头儿”[kuo^{33}sɛ^{33}təŋ^{24}]，主要负责抬棺材等事。

丧事的第一个环节是为死者换衣服，叫作“着衣裳”。换衣服也由“棺材头儿”负责。

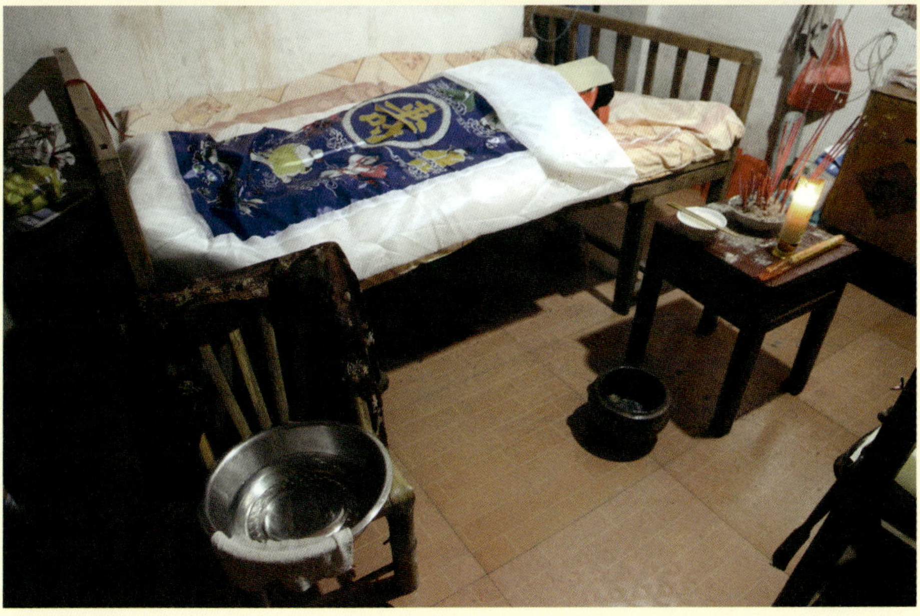

图6－12 着衣裳

换衣服时先对着尸体喷白酒，脱下衣服，擦洗身体，穿上清朝式样的寿衣（内衣白色，外衣大红）、袜子、鞋子，戴上帽子，脖子和脚腕垫上枕头，双手抱拳放在腹部，脸覆黄纸，身盖缎被。

以前，人死后先摆放在门板上，然后移到棺材盖（翻过来）上，抬到村中厅堂里，摆放三天左右再入殓。现在不用棺材了，有的就躺在家里的床上。

报老 [pə^{33}lə^{113}]

即报丧。由死者的侄子等人（不能是家里人）到死者的兄弟姐妹、岳父母或父母（如果死者是女的）、亲家等亲戚家里通报死讯。报丧者要头戴斗笠，把雨伞倒着拿（即把儿朝前），一般应夹在腋下，伞顶要粘上红纸和柏枝。临出门时，报丧者要先到死者跟前，撑开雨伞，对死者说：我要到某人家里去。到了亲戚家里，要把雨伞倒着竖在大门外。进门告知死讯后，主人要请报丧者喝茶、吃面条（叫“利市面”[lei^{11}zɿ^{11}mie^{341}]），并送上红包和七个红鸡蛋。报丧者起身离开，刚走到门外时，主人马上把报丧者喝剩的茶水倒到他的脚后跟，意为叫跟他而来的鬼也随之离去。报丧者回到死者家里后，再到死者跟前，撑开雨伞，对死者说：我已经去过某人家里了。死者家里还要请他吃面条。

图6－13 报老

图6－14 道士先生

图6－15 挂灯

挂灯 [kuo^{33}nai^{24}]

指道士为死者念经，超度亡灵。当地一些村里有居家的“道士”[də^{11}zɿ^{113}]，塔石乡余仓村道士较多。居家道士的一项重要工作就是主持村里的丧事仪式，因此也被尊称为“道士先生”[də^{11}zɿ^{11}sie^{24}sa^{0}]。停柩期间，每天傍晚要举行“挂灯”仪式。“挂灯”时，道士先在死者前面摆设祭品、香烛，还用大米在竹匾上画上一个“辶”形图案。然后摇动铃铛，念念有词，念到一个段落结束时，就“咣咣咣”敲一阵钹。念经使用带官话色

图6－16 烧银锭

彩的汤溪话。道士念经期间，死者的亲属要跪在死者跟前，边哭边焚烧纸钱、银锭。每次持续半个小时左右。

还有一种法事叫作“做功德”[tsɤ^{33}kɑo^{33}tɛ^{55}]，要连着做七天七夜，仪式隆重，但子孙们需成天跪着，非常辛苦。现在很少有人做。

烧雨伞包窠 [çiə^{33}i^{11}so^{52}pə^{24}k^{h}uɤ^{0}]

“雨伞包窠”包括油纸伞、斗笠、草鞋，还有一些食品。死后次日，由“棺材头儿”拿到村外烧掉。

图6－17 烧雨伞包窠

望风水 [mɑo^{11}fɑo^{33}ɕiei^{535}]

即看风水。看风水的人叫作“风水先生”[fɑo^{33}ɕiei^{52}sie^{24}sa^{0}]，也叫“阴阳”[iei^{24}io^{0}]。风水先生是懂得阴阳八卦的人，他在丧事中对很多重要的事情做出决定，例如出殡日期、墓地位置和朝向，等等。图 6–18 是风水先生在写避邪用的“甲马将军”，图 6–19 是他在用罗盘为坟墓定位。

图6 - 18 风水先生

图6 - 19 望风水

做坟头 [tsɤ^{33}fai^{24}dəɯ^{0}]

也叫“做坟”[tsɤ^{24}vai^{0}]。风水先生勘测好墓地之后，“棺材头儿”就带上祭品、背上锄头去“开土”[kʰɛ^{33}tʰu^{535}]，即动土，开始挖墓穴。在“开土”之前，要先在墓地四角压上“甲马将军”符，在墓地当中摆上酒、肉、米饭等祭拜土地神。然后把一只活鸡的脖子割开，提着它沿墓地四周淋一圈鸡血。最后才用锄头挖出坟墓的大致方位。小工们根据“棺材头儿”画出的范围挖墓穴，修坟墓。

按规矩要请别人（通常是亲友）来帮忙修坟，自己家里人不能动手。坟墓修好后，要给每人送上红包、红鸡蛋，以示吉利。修坟墓的主要程序是挖地基、砌圹、培土、垒坟面。为表示死者对这块土地的所有权，修坟时要把一块“地契砖”[di^{11}tɕʰi^{33}tɕiɤ^{52}]放入圹里。

图6－20 祭土地

图6－21 杀鸡

图6－22 开土

图6－23 做坟头

坟头 [vai^{113}dəɯ^{0}]

本地的坟墓总体上呈三角形延伸土堆。前面用石板、石头或砖等垒成，叫作“坟面”[vai^{113}mie^{0}]或“坟头面”[fai^{33}təɯ^{24}mie^{0}]。石板上通常刻有死者姓名、生卒日期、子孙姓名等。但如无石板，就没有任何墓主人的标记。（见图 6–25）坟面两侧向前延伸环抱的部分叫作“坟头手”[fai^{33}təɯ^{33}ɕiəɯ^{535}]，坟面前的平地叫“坟头堂”[fai^{33}təɯ^{24}do^{0}]。坟墓的背部叫作“坟头背”[fai^{33}təɯ^{24}pɛ^{0}]，尾部叫“坟头尾巴”[fai^{33}təɯ^{33}ŋ^{11}pɤ^{52}]。

如是夭折小孩的坟墓，则不过一个小土堆而已，上覆一只簸箕（下葬时盛尸体用的）。

图6－24 坟头

图6－25 坟面

缚灵 [bo^{113}lei^{0}]

“灵”[lei^{11}]是由道士先生用竹子和纸扎起来的房子，出殡时烧给死者。“灵”由女儿出资制作，大小繁简不一，大者为两米多高的三层楼房。道士先把毛竹劈成竹条，扎起架子，即“灵骨”[lei^{33}kuei^{55}]，再糊上各种颜色、图案的纸，叫作“缚灵”。“缚”[bo^{113}]是扎的意思。“灵”的里面要放入各种纸制的生活用品和大量纸钱、银锭。随着时代的变化，汽车、电视、电脑等用品也无不收入其中。

图6－26 灵骨

图6－27 缚灵

入材 [ȵiei^{113}zɛ^{0}]

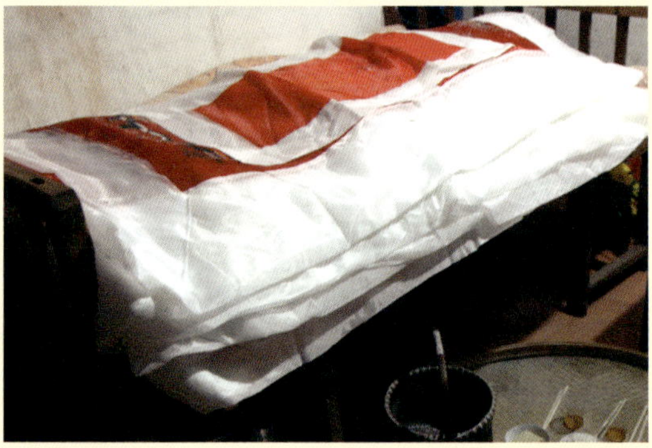

图6－28 大被

即入殓，有时也叫“进棺”[tsei^{33}kuo^{52}]。报丧报到的人家以及死者的侄子、外甥等晚辈要给死者送“大被”[dɤ^{11}bi^{113}]。“大被”实际上是一个象征性的窄小被套，以前多为洋布，现在多为绸缎，四周白色，中间红、蓝等色。如果亲戚多的话，会收到很多“大被”。入殓时，道士先生要一床一床地盖到死者身上，每盖一床，就对死者说：这是某某送的。由于一遍又一遍，不厌其详，所以有一句俗话叫作“吩咐落棺材”[fai^{24}fu^{0}lo^{11}kuo^{24}zɛ^{0}]，比喻吩咐得十分周到。

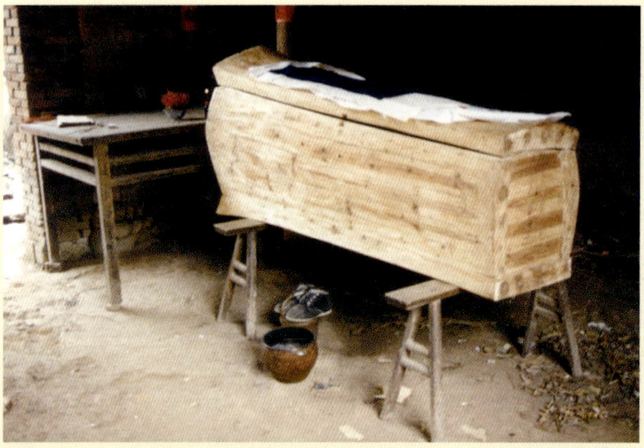

图6－29 寿材

棺材 [kuo^{24}zɛ^{0}]

婉称为“材”[zɛ^{11}]。老人使用的多称“寿材”[ʑiəɯ^{113}zɛ^{0}]或“寿屋”[ʑiəɯ^{11}ɔ^{55}]。棺材用整木拼成，讲究的还要油漆数遍，两头大红，其余漆黑，叫“乌漆棺材两头红”[u^{33}ts^{h}ei^{55}kuo^{24}zɛ^{0}lia^{11}dəɯ^{113}ɑo^{0}]。

停柩期间，棺材盖不封死，上面覆盖一床“大被”。棺材前面放置竹椅、烘篮等物，烘篮上面放一双死者的棉鞋。每天早晨，子女要把洗脸水、毛巾送至死者跟前，请死者洗脸，然后端上稀饭请死者吃早点。（参见图 6–12）

在汤溪话里，“棺材”一词也用于妻子骂丈夫时代称丈夫。

香碗 [ɕio^{33}uo^{535}]

放在死者（或“寿材”）跟前的碗，用来插香。人死后，“棺材头儿”在室外用几块砖临时搭一个小灶，随便找个盆当锅，把大米煮至半生不熟，盛在一个大碗里，就是“香碗”。

图6－30 香碗

图6－31 香钵

香钵 [ɕio^{33}pɤ^{55}]

放在死者（或“寿材”）跟前的钵，用来焚烧纸钱、银锭等。（图 6–29 桌子上有一个“香碗”，地上有一个“香钵”）出殡时，“香碗”和“香钵”都要拿到坟上，留在那里。

封 [fɑo^{24}]

亲朋好友得知死讯后，到死者跟前烧香，叫作“封”。去的时候要自带香和黄表纸（叫作“落地纸”[lo^{11}di^{11}tsɿ^{535}]）。进门后，家里人把亲友带至死者跟前并加以通报，叫作“引”[iei^{113}]。这时，亲友要对死者说：“某某（对死者的称呼），我来封尔！”接着取三根香点着，手握燃香朝死者弯腰揖拜，插入香碗。然后把三张黄表纸折成长条形，点着后放入香钵，再次弯腰揖拜。点香烧纸的时候，还要嘱咐死者，请他保佑自己及其家人。

烧香篮 [ɕiə^{33}ɕio^{24}lo^{11}]

亲友烧过“落地纸”以后，过几天再给死者家里送“烧香篮”，包括香、蜡烛、黄表纸、锡箔、大小炮仗以及一个红包。以前因经济条件所限，一般不给红包，只送香、纸和豆腐，叫作“豆腐篮”[dəɯ^{11}vu^{113}lo^{0}]，或者是香、纸和千张，叫作“千张篮”[tsʰie^{33}tɕio^{24}lo^{0}]。

图6－32 烧香篮

图6－33 纸钿，银锭

图6－34 银锭

烧纸香 [ɕiə^{33}tsɿ^{52}ɕio^{24}]

“烧纸”[ɕiə^{33}tsɿ^{535}]即黄表纸。“烧纸香”泛指烧给死者的“烧纸”、“纸钿”[tsɿ^{52}die^{11}]、“银锭”[ȵie^{33}dei^{113}]、香等。“纸钿”是用黄表纸剪成的杯口大小的圆纸片，有的有方孔，有的没有，象征铜钱。“银锭”用锡箔折成，象征银子，有多种样式。其中多层相叠、形似荷花的叫作“荷花锭”[uɤ^{33}xuo^{33}dei^{113}]。(图 6–34 中间的那种)此外，还可用纸做成其他物品，例如“纸鞋”[tsɿ^{52}ɑ^{11}]。因为丧事过程中需要大量的纸钱、银锭等，所以亲友、邻居们会自发地到死者家里帮忙制作。

图6－35 纸鞋

图6－36 剪纸钿，折银锭

火炮蜡烛 [xuɤ^{52}pʰə^{33}lo^{11}tɕiɔ^{55}]

“火炮”[xuɤ^{52}pʰə^{52}]即炮仗，通常指大爆竹。小鞭炮叫作“细火炮儿”[siɑ^{33}xuɤ^{52}pʰəŋ^{535}]。蜡烛有白的、红的，在死者跟前点的必须是白的。“火炮蜡烛”泛指炮仗、蜡烛等。（参见图 6–32）

绷鞋 [mɑo^{24}ɑ^{0}]

丧事中，需要制作大量的孝衣、帽子、鞋子等。其中鞋子是在黑鞋的鞋面上缝上一块白布，叫作“绷鞋”。专门为死者家里制作孝衣鞋帽的妇女，就叫作“绷鞋农”[mɑo^{24}ɑ^{0}nɑo^{0}]。

图6－37 绷鞋农

戴孝 [tɑ^{33}xə^{52}]

丧事期间要穿戴的孝衣鞋帽等服饰种类较多，大致如下。

帽子：

白帽[ba^{11}mə^{341}]：白布缝制，两侧翘角，男子戴。（见图 6–38）

白帽头须[ba^{11}mə^{11}dəɯ^{113}su^{0}]：在“白帽”后面缝上两根长白布条，女婿、外甥、外甥女婿戴。（见图 6–39）

红帽[ɑo^{113}mə^{0}]：红色的帽子，曾孙戴。

头披[dəɯ^{113}pʰɤ^{0}]：斗篷形，女子戴。（见图 6–40 左边）未婚女子的“头披”上加一点红布。（见图 6–40 中间）

双头披[ɕiɑo^{33}təɯ^{24}pʰɤ^{0}]：双层的“头披”，女儿戴。

纸头披[tsɿ^{52}dəɯ^{113}pʰɤ^{0}]：在“头披”上加一层白纸，还用苎麻绳扎一个蝴蝶结，缝在上面，儿媳妇戴。（见图 6–40 右边）

鞋子：

白鞋[ba^{113}ɑ^{0}]：也叫“利市鞋”[lei^{11}zɿ^{113}ɑ^{0}]，儿子、女儿和儿媳妇穿。如果父母和岳父母（或父母公婆）四人中有一人去世了，白布覆盖四分之一鞋面（见图 6–41 右边）；如有二人去世，覆盖四分之二（见图 6–41 左边）；如有三人去世，覆盖四分之三；如果四人都去世了，全部覆盖。以前，出殡日儿子要穿草鞋，现在一般只穿白鞋。“六七”（死后第六个“七”，即第42天）以后，儿子和女儿要穿全白的鞋。以前要连续穿三年，现在穿一年即可，但实际上一年也难以做到。

图6－38 白帽

图6－39 白帽头须

图6－40 头披

图6－41 白鞋

图6－42 十字绞

图6－43 着孝

十字绞[ʑiɛ^{11}zɿ^{11}gə^{113}]：也叫“十字掌”[ʑiɛ^{11}zɿ^{11}tsʰa^{52}]，用白布在鞋面上缝一个“十”字，女婿、孙子、孙女、外甥、外甥女穿。（见图 6–42）

衣裙：全身穿白叫作“着孝”[tɕio^{52}xə^{52}]。一般只在“挂灯”、出殡和逢“七”上坟时穿，平时不穿。（见图 6–43）

绳套：丧事开始时，“绷鞋农”先用白绳子、苎麻丝做成两个套，让死者的子孙套在脖子上，同时把一根蓝布条系在手腕上。其中苎麻套、蓝布条在出殡日烧掉，白绳套在“六七”日烧掉。

布$^{=}$仙桥 [pu^{33}sie^{24}dʑiə^{0}]

“布$^{=}$”[pu^{52}]是搭建桥梁的意思。“布$^{=}$仙桥”由道士先生主持，要举行两次。第一次是出殡日前一天，在死者家里举行，意思是请死者回来。第二次是次日出殡后，在厅堂里举行，意思是把死者送出去。

图6－44 布$^{=}$仙桥

“布$^{=}$仙桥”的时候，要把一条长板凳跨在门槛上，一半在屋内，一半在屋外。拿一个碗，盛上水，上面横放一把剪子。在道士的念经声中，死者的儿子把 49 个带方孔的纸钱，一个一个地放在剪子上烧，烧完一个往碗里放一个硬币（币值不限）。女儿在一旁哭唱，内容是给死者“布$^{=}$”十座桥，让死者通过并进入天堂。其中天上五座：金桥、银桥、铜桥、铁桥、锡桥；凡间五座：石板、木桥、竹桥、棕榈桥、百节桥。过桥时要嘱咐牛头马面退避两旁，由金童玉女搀扶死者过桥。

图6－45 “布$^{=}$仙桥”的板凳

吃定场 [tɕ^{h}iei^{52}dei^{113}dʑio^{0}]

出殡前一天的晚上，请近亲和出殡日要来帮忙的朋友、邻居等到死者家里吃晚饭，叫“吃定场”。

祭材头 [tsie^{33}sɛ^{24}dəɯ^{0}]

出殡之前，把棺材抬到室外空地上，在棺材跟前摆设祭品，道士先生念经，亲属跪拜祭祀，叫作“祭材头”。

图6－46 祭材头

吸$^{=}$三 [ɕiei^{52}so^{24}]

“祭材头”之后，死者的子孙由道士先生带领围着棺材转三圈，叫作“吸$^{=}$三”，“吸$^{=}$”[ɕiei^{55}]是转的意思。其中死者的儿子、儿媳妇、孙子、孙女等跟着道士沿逆时针方向转，死者的女儿、女婿、外甥、外甥女等另成一队，沿顺时针方向转。

图6－47 吸$^{=}$三

打水碗 [na^{52}ɕiei^{52}uo^{535}]

“吸＝三”之后，举行“打水碗”的仪式。拿一个碗，盛上水，放在棺材上面，这个碗叫作“棺材碗”[kuo^{33}sɛ^{33}uo^{535}]。说是碗的花纹图案越好看，死者下辈子就长得越漂亮。拿一把斧子，刀口部分用黄表纸包裹起来。“棺材头儿”用这把斧子把碗劈开，叫作“打水碗”。“打水碗”时，生辰八字与死者相冲的人要避开。打了水碗之后，就要把棺材抬出去下葬了。

图6－48 “打水碗”的斧子

出丧 [tɕʰiɤ^{52}so^{24}]

即出殡。走在送葬队伍最前头的是“分路纸”[fai^{33}lu^{11}tsɿ^{535}]的人，他负责在遇到路口时撒纸钱、插香、放炮仗。第二个人是敲锣开道的。第三个人是风水先生，他打着一把黑伞，意思是让鬼躲在伞下。然后是四名“棺材头儿”抬着棺材（现在是一名“棺材头儿”捧着骨灰盒），跟在棺材后面的是“吹打”[tɕʰi^{33}na^{535}]（吹鼓手），然后就是死者的子孙，再往后是其他送葬的人。给别人送葬叫作“送香”[sɑo^{33}ɕio^{24}]。

图6－49 出丧

图6－50 送香

图6－51 吹打

图6－52 封角门

棺材（或骨灰盒）放入墓穴后，子孙们要往棺材（或骨灰盒）上撒土，并说："入土为安"[ʑiɛ^{11}t^{h}u^{535}uei^{33}ɤ^{24}]。然后由"棺材头儿"把圹封严，叫作"封角门"[fɑo^{33}kuo^{55}mai^{0}]，意为不让鬼出来。"棺材头儿"在出殡的一些重要环节（例如"封角门"），会向主人家"讨纸包"[t^{h}ə^{52}tsʅ^{52}pə^{24}]，即索要红包，如果不给，他就停下不干。

安葬完毕后，主人家把很多"麻踈"[mɤ^{113}lɛ^{0}]（一种像麻团似的食品）放到坟墓上面，送葬的人视为吉祥之物，纷纷前去抢取，叫作"抢麻踈"[ts^{h}ɤ^{52}mɤ^{113}lɛ^{0}]。现在改为往空中抛撒糖果，让大家抢夺。

魂幡竹儿 [uɛ^{33}xuo^{33}tɕioŋ^{55}]

即引魂幡。把一块白布和一张长条旗形白纸悬挂于一根竹枝上。

白纸上端写：祥光接引。（女的写：金童接引）

图6－53 魂幡竹儿

白纸中间竖写：亡故××郡堂上先考×（姓）公××（名）之灵幡。（女的写：亡故××郡堂上先妣×××（丈夫姓名）元配×（姓）氏××（名）之灵幡）

白纸上半部右、左侧分别竖写：亡魂如在，七魄犹存。

白纸下半部右、左侧分别竖写：证果超升，附番受度。

引魂幡的作用是引导鬼魂，出殡时由死者的儿子举着，然后插在坟墓上。

稻秆绳 [də¹¹kɤ⁵²ʑiai¹¹]

死者的子孙披麻戴孝时，腰间要系一条“稻秆绳”。（参见图 6–43）“稻秆绳”由“棺材头儿”制作。平时搓绳子时是顺手搓的（右手在上往下方搓），但这时要反手搓（左手在上往上方搓），搓的动作叫作“索”[so⁵⁵]。

图6－54 索稻秆绳

图6－55 稻秆绳，孝棍

图6－56 做孝棍

图6－57 五谷瓶

孝棍 [xə³³kuai⁵³⁵]

出殡日，死者的子孙人人手拄一根“孝棍”。（见图 6–55）按规矩，出殡时要一步一拄，一直拄到坟上。“孝棍”由“棺材头儿”在小木棍上缠上白纸条而成。

五谷瓶 [ŋ¹¹kɔ⁵⁵bei⁰]

用两个空瓶子，各装五种能够发芽的粮食种子，通常为稻谷、玉米、小麦、荞麦、粟，但也要看当时能够取到什么，可以有所不同。同时各放入一个受过精的鸡蛋（能孵小鸡的），插一支蜡烛和一根柏枝，在其中一个瓶子里放一张道士画好的符。出殡时由“棺材头儿”放入圹里。

祭灵 [tsie²⁴lei⁰]

出殡日安葬完毕后，死者的子孙们返回厅堂，在“灵”的前面祭祀、跪拜、哭泣。

祭灵担 [tsie³³lei²⁴no⁰]

出殡日，亲友要给死者家里送礼。凡是报了丧的人家，都要送“祭灵担”。“祭灵担”

图6－58 祭灵

包括“四样点心”（即甜馒头、咸馒头、“作糕”、“印馃”，见图 4–26）、猪肉、鸡、香、蜡烛、黄表纸、锡箔、炮仗。主人家要回赠一部分馒头、一半肉、半只鸡，另外送上四条毛巾，以示吉利。

如果不送“祭灵担”，可送“馒头篮”[mɤ^{33}təɯ^{24}lo^{0}]。“馒头篮”包括馒头、猪肉、鸡、香、蜡烛、黄表纸、锡箔、炮仗等礼物。主人家要回赠一部分馒头、一半肉、半只鸡，另外送上两条毛巾，以示吉利。

图6－59 祭灵担

图6－60 馒头篮

挈道 [tɕ^{h}ie^{52}də^{341}]

风水先生根据死者的生、死八字推算其死后的“道”[də^{341}](这里读阳去)，有“天道”[t^{h}ie^{24}də^{0}](上天堂)、“地道”[di^{341}də^{0}](下地狱)、“佛道”[vɛ^{11}də^{341}](成佛) 三种。

如果属于“地道”，就要为死者举行“挈道”仪式，以帮助其逃脱下地狱的命运。仪式在出殡日“祭灵”之后，在村外水边 (例如小溪边、池塘边) 的树下举行。

道士先生在竹匾上用大米写上“太乙救苦”(“太乙救苦天尊”的简称，图 6–62 里“救”写成了“求”)，再放五小堆大米，在大米上各放一个鸡蛋，在大米之间各放一个馒头，在馒头上各插一根香，同时摆设酒肉饭菜等供品。

把引魂幡捆在树上，同时在树上挂两条活鱼。在地上放一个针线筐 (如果没有，就用别的篮、盆代替)，把一只活鸡放在里面。

道士开始念经，子孙跪在地上，不能抬头。其中一人用小锄不停地在地上挖，意思是要挖到十八层地狱，把死者救出来。另一人拿一把锁，不停地锁上、打开，反复十八次，意思是要把十八层地狱的门打开，让死者逃出来。与此同时，在活鸡的旁边点燃炮仗，鸡受到惊吓后会从筐等里面跳出来，就表示死者从地狱里逃出来了。挂在树上的鱼是表示从水里逃出来。仪式结束后，鱼和鸡都归道士所有。

图6－61 挈道

图6－62 太乙救苦

图6－63 开锁

分香火 [fai^{33}ɕio^{33}xuɤ^{535}]

每个儿子拿一个香炉，香炉里面垫上黄土，中间放一个馒头。道士先生从公用的“香碗”里取出一部分香灰，分别放入死者儿子手捧的香炉里，叫作“分香火”。死者的儿子把香炉端回家中，用于祭祀插香。

烧灵 [$ɕiə^{24}lei^{0}$]

出殡日最后一项重要活动是“烧灵”，即把“灵”抬到坟上烧掉。同时，把丧事期间祭奠死者的用具（例如椅子、烘篮、衣服、鞋子），以及出殡时戴的苎麻套，系的蓝布条、稻秆绳，拄的孝棍等，也通通烧掉。“烧灵”时还要把白帽、白衣服脱下来（白帽要拆开来），放在火苗上方晃几下，叫作“引”[iei^{113}]，以示吉利。

图6－64 烧灵

图6－65 引

吃斋饭 [tɕ^{h}iei^{52}tsɑ^{24}vo^{0}]

出殡日，送葬的人在死者家里吃饭。以前只吃素，但现在有很多荤菜，跟一般的宴席没什么区别。有“饿鬼抢斋饭”[uɤ^{11}kuɛ^{535}ts^{h}ɤ^{52}tsɑ^{24}vo^{0}]的俗语，讥讽激烈抢夺。

挈煞 [tɕ^{h}ie^{52}so^{55}]

出殡日晚上，道士先生带着“棺材头儿”在死者去世的房间里做法，把鬼从家里赶到坟上去，叫作“挈煞”，俗称“赶鬼”[kɤ^{52}kuɛ^{535}]。他们要用“桃条”[də^{113}dɤ^{0}]拼命敲打竹匾，发出很响的声音，并且说：平时就住在坟里，不要回来，家里人会给你送吃的，逢节日再回来。然后一直赶到村外，再回来。在这个过程中，家里人要躲进别的房间，直至仪式结束才能出来。村里人也很忌讳碰到这个活动。

“桃条”是用桃树枝扎成的。之所以使用“桃条”，是因为桃木具有避邪驱鬼的作用，但也许跟“桃”和“逃”同音也有关系。

图6－66 桃条

谢孝 [zia^{11}xə^{52}]

出殡后，死者的子孙向前来参加葬礼的长辈亲戚跪拜，以表示感谢。出殡次日，死者的儿子带着馒头、猪肉等礼物去报过丧的亲戚家里去，以表示感谢。对方收下两个或四个馒头等礼物，同时回赠七个红鸡蛋，并放上红纸、柏枝、万年青（根部染成红色），一般还要给一个红包，意思是这些吉祥物将会给死者的子孙带来好运。

烧七 [ɕiə^{33}tsʰei^{55}]

从去世之日起，每隔七天要到坟上祭奠一次，一直到第七个“七”（即第 49 天）为止。七个“七”分别叫作：头七[təɯ^{33}tsʰei^{55}]、两七[lia^{11}tsʰei^{55}]、三七[so^{33}tsʰei^{55}]、四七[si^{33}tsʰei^{55}]、五七[ŋ^{11}tsʰei^{55}]、六七[lɔ^{11}tsʰei^{55}]、大七[dɤ^{11}tsʰei^{55}]。

其中“头七”“三七”“六七”是祭奠的重要日子，“六七”尤为重要。“烧六七”[ɕiə^{33}lɔ^{11}tsʰei^{55}]时，要把桌椅搬至坟前，在椅子上插一把黑雨伞（意思是让死者坐在伞下），在桌子上摆设鸡、肉等丰盛的供品。当天还要请近亲和在丧事上帮忙的人吃饭。这一天的供品以及请客的饭菜甚至柴火都由女儿负担。

“烧大七”[ɕiə^{33}dɤ^{11}tsʰei^{55}]时，要拿两片瓦放在坟前，两片瓦相向扣在一起，里面放一些大米，旁边放一担柴（用小树枝扎成，象征性的）。意思是过了这一天，家里人就不再给死者送吃的了，要由死者自己做饭吃了。

图6－67 烧六七

图6－68 烧大七

图6－69 绿的“对联”

烧过“大七”以后，到去世一百天的时候也要祭奠，叫作“烧百日”[ɕiə^{33}pa^{52}ȵiei^{113}]。以后就逢清明、七月十五、冬至、春节才上坟。

春节时，死者家里连续三年都不能贴红色春联，只能贴绿色春联。春联上的内容也要避免喜庆，有的甚至挺悲伤，例如“梅吐玉容含孝意，柳掩金色动哀情”“直道至今犹可想，旧游何处不堪悲”“谁知九月别严亲，心因父逝长滴血”。

柒·岁时节令

在汤溪，人们基本上仍按照农历来安排自己的生活和生产，因此，传统节日和节气在日常生活中具有重要的地位和作用。汤溪话把节日叫作“时节”[sɿ^{33}tsia^{55}]，一年当中最重要的“时节”是春节。以前生活条件差，平时吃、穿都很简单，更没什么娱乐，只有到了春节，才能吃上好东西，穿上新衣服，还可以到亲戚家拜年游玩。因此有句俗话说“大农望种田，细农儿望过年”[dɤ^{113}nɑo^{0}mɑo^{11}tɕiɑo^{24}die^{0}，sia^{33}nɑoŋ^{24}mɑo^{11}kuɤ^{24}ȵie^{0}]，意即大人盼望种田（以便多打粮食，养活家人），小孩盼望过年。又说“正月陪陪客，二月铲铲麦”[tɕiai^{24}ȵiɤ^{0}bɛ^{11}pɛ^{33}k^{h}a^{55}，ŋ^{341}ȵiɤ^{0}ts^{h}o^{52}ts^{h}o^{52}ma^{55}]，意思是整个正月都用于招待客人，吃喝玩乐，到二月才开始干农活（锄麦）。

除了春节以外，传统节日中比较重要的是元宵、清明、端午、中元节和冬至。表现在这几个节日都要制作专门的特色食品，例如“馃”[kuɤ^{535}]、粽子等；同时还要举行一些专门的民俗活动，例如舞龙灯（见图7－1）、上坟、驱邪等。

汤溪也有一些本地特有的节日和习俗，例如农历六月初一的“保稻”[pə^{52}də^{113}]活动，与当地的稻作文化密切相关，已成为地方非物质文化遗产项目。

总的来看，汤溪的岁时节令有两个特点。一是祭祀、上坟的活动较多。从时间上说，一年当中上坟的日期有正月初一、清明、七月十五、冬至，其他如死者的生日、忌日也有上坟的。而祭祀活动就更多了，例如过年期间就伴随着多种祭祀、祈祷活动。二是亲戚间互赠礼物的活动较多，并形成固定的日期、内容和礼仪，例如清明节要看望女儿，端午节要看望父母、岳父母。显然，这是长期以来的小农经济社会自然形成的生活方式，到了今天，已显示出许多不相适应的地方，其中有的已经消亡或趋于消亡了。

图7－1 灯

一　春节

过年 [kuɤ^{24}ȵie^{0}]

汤溪话把春节叫作“过年”[kuɤ^{24}ȵie^{0}]。南方没有喝腊八粥的习惯，在以前，汤溪过年的序曲是农历十二月十一日的掸尘活动。从掸尘之日起，就开始了紧张忙碌的过年准备工作。因此，农历十二月又叫“十二忙月”[ʑiɛ^{11}ŋ^{11}mɑo^{33}ȵiɤ^{24}]。在此期间，主要工作是打扫卫生、添置新衣、购买年货、宰猪杀鸡、做豆腐以及其他各种特色食品。过年的高潮是除夕，汤溪话叫“三十夜”[so^{33}ʑiɛ^{11}iɑ^{341}]，即使这个月只有二十九天，也叫“三十夜”。一些传统民俗活动主要集中在除夕这天举行。从正月初一开始，转入走亲访友、吃喝玩乐阶段。正月期间的活动主要是拜年、喝酒、看戏等，休闲娱乐一直持续到正月十五才基本结束。

担封年 [no^{33}fɑo^{24}ȵie^{0}]

过年前，通常在农历十二月二十以后，女儿要给娘家送年货，包括猪肉、鸡、“米胖”[mie^{11}pʰɑo^{52}]（炒米）、甘蔗等礼物，叫作“担封年”。“担”[no^{24}]的本义是挑，引申为送。“封年”[fɑo^{24}ȵiɤ^{0}]即吃年夜饭。“担封年”的意思是送大年三十吃的东西。

以前，女儿“担封年”后，娘家要给女儿回送“米胖”、“油麻片”[iəɯ^{33}mɤ^{24}pʰie^{0}]（见图 7–10）、白糖等礼物，同时还要送一份礼物给女儿的婆婆，包括鸡、肉等，叫作“担年羹”[no^{33}ȵie^{24}ka^{0}]，现在已没有这种习俗了。

掸蓬尘 [no^{52}bɑo^{113}dʑiai^{0}]

汤溪话把灰尘叫作“蓬尘”[bɑo^{113}dʑiai^{0}]，掸尘叫“掸蓬尘”。“掸蓬尘”必须在逢单的日子进行，以前一般是十二月十一，但现在已经比较乱了，各家可以根据自己的情

图7－2 掸蓬尘

况决定哪天掸。

“掸蓬尘”之前，要先做好工具——“蓬尘帚儿”[$pɑo^{33}tɕiai^{33}tɕiəŋ^{52}$]。“蓬尘帚儿”是临时用毛竹的枝叶扎在“笐竿”[$uo^{11}kɤ^{52}$]（晒衣服用的长竹竿）的一端而成的，山区也有用芒草穗扎成的，看上去像一个特大号的掸子。

“掸蓬尘”实际上就是一次大扫除。一年下来，那些平时碰不到的地方（例如灶台上方、烟囱、天花板、墙角等）早已积满了灰尘，或布满了蜘蛛网。“掸蓬尘”的人要戴上斗笠，穿上蓑衣，脸上和脖子上围上“汤布”[$t^{h}o^{33}pu^{52}$]（长条形的汗巾），举着“蓬尘帚儿”从上到下、从里到外掸一遍，不过现在也有所简化了。（见图 7–2）掸过之后，还要把橱柜箱盒、坛坛罐罐等家具擦拭或清洗一遍。经过这次彻底的清扫和擦洗，全家上下焕然一新，可以干干净净地过年了。

图7-3 画

画 [uɑ³⁴¹]

要说正式的过年，应该是从十二月廿五开始的。标志是这一天家家户户要挂“画”。在汤溪话里，“画”特指祖先的画像，一般的图画则叫作“老佛儿”[lə¹¹veŋ¹¹³]。“画”是彩色的，上面的人物都穿着清朝的服装，有的“画”上面只画着一对夫妇，有的“画”上面同时画着一个家族的好几代祖先。

“画”挂在堂屋的墙壁上，供家人和客人们在过年期间瞻仰和祭拜。到了正月十五，又把它们收藏起来，直到下一个十二月廿五再拿出来展示。不过，这种“画”差不多都已在“文革”期间化为灰烬了。

镬头老爷 [uo¹¹təɯ³³lə²⁴iɑ⁰]

中国南方有些地方十二月廿四要祭灶，但汤溪没有祭灶或过小年的习俗。汤溪话把灶叫作“镬头”[uo¹¹³dəɯ⁰]，灶神叫作“镬头老爷”。供奉灶神的方法是在灶台上方的墙上贴一张“镬头老爷”的画像。以前每到年根儿，本村庙里的“斋公”[tsɑ²⁴kɑo⁰](即

"庙祝"，村庙里管香火的人）会把印好的灶神画像分送到各家各户。现在没有"斋公"送画像了，但有时候会有乞丐来送，以此换得一点赏赐。如果没有人送，就到商店里买。或者自己裁一张长方形的红纸，在中间写上"灶君之位"，在两边分别写上"上天言好事""下地保平安"，大年三十那天把它贴到灶的上方。

图7－4 镬头老爷

对联 [$te^{24}lie^{0}$]

即春联。过年时大门上（见图 7–5）自然要贴对联，讲究的人家在堂屋的柱子上（见图 7–6）也要贴对联，但窗户上或窗户两边一般不做装饰。

图7－5 对联

图7－6 柱子上的"对联"

斗方儿 [təɯ^{52}fɑoŋ^{24}]

除了成对的门联以外，单扇的屋门上要贴一张正方形的红纸字画，叫作“斗方儿”，上面一般是“五福临门”“四季平安”之类的四字吉祥语。(见图 7–7)

此外，猪圈、家禽的窝棚、碗柜、粮柜、米缸等上面也需要贴上各种内容的红纸字幅 (见图 7–8):

猪圈：六畜兴旺，日长夜大。

家禽的窝棚：鸡鸭成群，六畜兴旺。

碗柜：五香六味，清洁卫生。

粮柜：五谷丰登，粮食满仓。

米缸：白米有余，白米如山。

这还不够，家里其他比较重要的器具，例如床、箱子、甑子、菜刀、锄头、犁、手推车、秤等，也要贴上大小不一的红纸或元宝 (用红纸剪成的，见图 7–9)，以示喜庆。有的人家甚至连牛角上也贴上红纸。

图7－7 斗方儿

图7－8 鸡鸭成群，六畜兴旺

图7－9 元宝

捞米胖糖 [pa^{33}mie^{11}p^{h}ɑo^{24}do^{0}]

大年三十之前几天的主要工作是宰猪杀鸡、做豆腐以及其他各种特色食品。这里介绍比较有特色的几种。

过了十二月二十，就开始做冬米糖了。冬米糖汤溪多叫作“米胖糖”[mie^{11}p^{h}ɑo^{24}do^{0}]，也可叫“冬米糖”[nɑo^{33}mie^{11}do^{11}]。“米胖”[mie^{11}p^{h}ɑo^{52}]一般是指炒米，但也可指爆米花。做冬米糖的方法是，先在锅里把饴糖和白糖加热化开至丝状，然后把炒米倒进去（有的还加入黄豆），和糖汁一起搅拌均匀，趁热倒在木板上，用方木框使之固定成形，并用木板捶打结实，捶打的动作就叫作“捞”[ba^{11}]。等冷却后，用刀子先切成长条形，再切成片状，就成为春节期间的时令糕点了。

现在食品丰富，“捞米胖糖”的越来越少了，但“油麻片”[iəɯ^{33}mɤ^{24}p^{h}ie^{0}]（见图 7–10）还有人“捞”。“油麻”[iəɯ^{113}mɤ^{0}]即芝麻，本地一般是黑芝麻。做“油麻片”有时还加入花生米。“油麻片”的做法和“米胖糖”的做法是一样的。

图7－10 油麻片

图7－11 磨豆腐（傅惠钧　摄）

做豆腐 [tsɤ^{33}dəɯ^{11}fu^{52}]

豆腐是家常菜，一般每个村都有专门“做豆腐”的，大家平时都是买着吃。但春节期间客人多，所以每家每户都要做大量的豆腐。因此，大多数家庭主妇都掌握制作豆腐的技艺，并备有相应的工具，例如“磨”[mɤ^{341}]、“浆架”[tsɤ^{24}kuo^{0}]、“豆腐桶”[dəɯ^{11}vu^{11}dɑo^{113}]、“豆腐袱”[dəɯ^{11}vu^{11}vɔ^{113}]、“豆腐掌儿”[dəɯ^{11}vu^{11}ts^{h}ɑŋ^{535}]、“豆腐闸”[dəɯ^{11}vu^{11}zo^{113}]、“豆腐篮”[dəɯ^{11}vu^{113}lo^{0}]等。以前，豆浆都是靠人工推石磨的方法磨成的，这是

图7－12 滤浆

图7－13 豆腐闸

图7－14 做豆腐

做豆腐过程中最艰巨的一项工作，汤溪话叫作“磨豆腐”[mɤ¹¹dəɯ¹¹fu⁵²]（见图 7–11）。但现在基本上都用机器加工豆浆了。

图 7–12 是在“滤浆”[lie¹¹tsɤ²⁴]，即把煮熟的豆浆液盛到“豆腐袱”里过滤，让豆浆流到下面的“豆腐桶”里，豆腐渣留在“豆腐袱”里。图 7–13 是把在“豆腐桶”里点了“盐卤”[ie³³lu¹¹³]后呈半凝固状的豆浆盛到“豆腐闸”里，以便压出水分，使豆腐成形。图 7–14 是把已基本成形的豆腐从“豆腐闸”里取出来，放在砧板上用重物进一步压干。

图7－15 藏豆腐干

豆腐干 [dəɯ¹¹vu¹¹kɤ⁵²]

本地一般在十二月廿五或廿六做豆腐。豆腐容易变质，但春节期间需要存放较长的时间，所以要把鲜豆腐加工成豆腐干，或炸成豆腐泡。

本地做豆腐干的方法比较有特色。第一道工序是“藏”[zo¹¹]。（见图 7–15）方法是在一个大盆里铺上干净的稻草灰，把鲜豆腐排放在灰上，盖上灰，再排放豆腐，再盖上灰。把所有豆腐都埋在灰里，到次日再取出，并用清水洗净。这道工序的作用是利用稻草灰拔出豆腐的水分。

第二道工序是“烹”[pʰai⁵²]（这里读阴去）。（见图 7–16）方法是在锅里垫上一层干净的稻草（要用早稻的稻草），把“藏”过的豆腐排在稻草上面，加水煮开，待豆腐变软即可取出。烹过的豆腐水分更少，更有韧性，也更好吃。

图7－16 烹豆腐干

图7－17 敬=敬=豆腐

敬=敬=豆腐 [tɕiei^{33}tɕiei^{33}dəɯ^{11}fu^{52}]

用油炸汤溪话说“敬=”[tɕiei^{52}]（也有的地方说“飞=”[fi^{24}]），豆腐泡叫作“敬=豆腐”[tɕiei^{33}dəɯ^{11}fu^{52}]，炸豆腐泡说“敬=敬=豆腐”，第一个“敬=”是动词。“敬=敬=豆腐”一般在十二月廿七或廿八晚上进行，方法和别的地方一样，不过气氛比较严肃，开始之前要跟小孩们交代不许说不好的话。

炒八宝菜 [ts^{h}ə^{52}pɔ^{52}pɔ^{52}ts^{h}ɛ^{52}]

因为炸豆腐泡要用大半锅的油炸好几个小时，结束时整个锅都很油。大概是为了节省，炸完豆腐泡以后，要接着“炒八宝菜”。“八宝菜”本来应该读作[po^{52}pə^{52}ts^{h}ɛ^{52}]，但在这里成了[pɔ^{52}pɔ^{52}ts^{h}ɛ^{52}]，听上去就像“卜卜菜”，本地人不知其所以然。所谓“八宝菜”，是用白萝卜丝、胡萝卜丝（红色的）、豆芽、腌菜梗儿、豆腐干等混在一起，放在刚炸完豆腐泡的锅里炒。八宝菜一炒就是一大盆，春节期间鸡鸭鱼肉吃得太多，清爽可口的八宝菜很受欢迎。（见图 7–18）

图7－18 八宝菜

图7－19 年饭

图7－20 菜羹

烧年饭 [ɕiə^{33}ȵie^{24}vo^{0}]

“年饭”[ȵie^{113}vo^{0}]是指过年期间吃的米饭。为了表示家里粮食充裕，同时也为了省事，大年三十要烧一大锅米饭，叫“烧年饭”。在以前，“年饭”要由男主人烧，不能由妇女烧。煮“年饭”时要用豆秸烧火，因其火势更旺，还会发出“噼里啪啦”的声音，欢快好听。“年饭”煮熟后一般要盛放在甑子里，可连续吃一个星期左右。“年饭”的另一个用途是“谢年”和“摆珍”（见图 7–22、7–25）时作为一道供品。

淘菜羹 [tə^{33}tsʰɛ^{33}ka^{52}]

“烧年饭”之后接着要“淘菜羹”。“烧年饭”过程中，把米饭捞出来后，锅里还剩下半锅米汤，这些米汤就是用来“淘菜羹”的。先把芋煮熟，剥皮，切成块状，同时把白萝卜擦成丝儿，再把这两种东西放在米汤里煮，煮成一种半干半稀的羹就成了“菜羹”[tsʰɛ^{33}ka^{52}]。“菜羹”的用途一是“谢年”和“摆珍”（见图 7–22、7–25）时作为一道供品，二是春节期间当早饭吃。

图7－21 肉圆

搓肉圆 [tsʰɤ^{33}ȵiɔ^{24}iɤ^{0}]

大年三十下午要“搓肉圆”。“肉圆”[ȵiɔ^{113}iɤ^{0}]的原料是红薯粉、肉和萝卜。把这三种东西加水、酱油、酒等搅拌成团，然后捏成拳头大小，这叫作“搓肉圆”。“肉圆”捏好之后，一个个摆放在笼屉上（下面要垫一层荷叶），蒸熟食用。（见图 7–21）“肉圆”本是年夜饭之前的一道点心，因为一次做很多，所以能吃一个正月。

谢年 [zia^{113}ȵie^{0}]

为感谢老天爷、神佛、祖先等一年来的保佑，大年三十那天，要备好丰盛的供品，举行隆重的“谢年”仪式。（见图 7–22）谢年要在吃年夜饭之前举行，现在一般在上午举行。以前，要先去村庙里谢年，再回家里谢年，现在一般只在家里举行。

谢年的时候，要在堂屋的桌子上摆设以下供品：猪头、鸡、鸭、猪肉、菜刀（按旧俗要放在“肉桶”[ȵiɔ^{11}dɑo^{113}]里）、“年饭”（按旧俗要盛在甑子里）、“菜羹”（按旧俗要盛在钵里）、馒头、豆腐干、豆腐泡（专用于祭祀的特大块的）、酒、酒壶、筷子、

图7－22 谢年

烛台。食品上插上柏枝，器具上贴上红纸，或把柏枝插在红纸上。以前只能用阉过的公鸡谢年，未阉过的公鸡和母鸡都不能用来谢年。煮鸡时只能用清水，不能放作料。不过现在供品已有所简化，例如现在过年一般不吃猪头肉了，所以供品里也没有猪头了。

谢年必须由男主人完成。谢年时，要点上香烛，焚烧黄表纸，并燃放鞭炮。点香、烧纸时要向堂屋的神位拜谢。除了堂屋外，还要在灶上摆设供品，向灶王爷表示感谢。（见图 7–23）此外，家里的其他重要位置（猪圈、家禽的窝棚、门口等）也要点香、烧纸和拜谢。

图7－23 在灶上“谢年”

封年 [fɑo^{24}ȵiɤ^{0}]

“封年”就是吃年夜饭。不过“封年”一词显然不仅仅指吃饭。“封年”是一年中最后一顿饭，也可以说是最后一项重要活动，含有收场、闭幕的意思。吃了这顿饭，就把这一年“封”上了。“封年”之前，先点香、烧纸、燃放鞭炮，然后关上大门，全家人依次坐在桌前，团团圆圆地吃年夜饭。

平时关大门是用“门换$^{=}$”[mai^{113}uo^{0}]（一根长木头。见图 1–24）闩的，但除夕之夜不用“门换$^{=}$”，而是用两根甘蔗分别斜靠在两扇门的背后，象征性地把门顶住。这大概是取祈盼来年生活甘甜之意。“封年”之后按理说不能再打开大门了，一直要到下半夜“开门”[k^{h}ɛ^{24}mai^{0}]（见图 7–26）时才能打开。如果要出去，只能从旁门出入。

图7－24 封年

图7－25 摆珍

摆珍 [pɑ^{52}tɕiai^{24}]

“封年”之后，要举行“摆珍”仪式。“摆珍”与“谢年”（见图 7–22）大同小异，不同之处在于“摆珍”只用素食、茶水，不用荤菜和酒，“谢年”时放肉的地方代之以稻谷，稻谷盛在“米升”[mie^{11}ɕiai^{24}]（舀大米用的木筒）里，上面插香，供品的前方要挂一张大红纸。除了堂屋以外，灶上也要“摆珍”，不过供品简单一些。以前“摆珍”仪式要一直延续到正月十五，现在一般到大年初一中午就撤了。

“摆珍”的另一个重要特点是必须由女主人完成。

煨年猪 [uɛ^{33}ȵie^{24}tsʅ^{0}]

“年饭”煮好之后，要把一段粗大的圆木（一般是乌桕木）埋在灶膛前面的“灰塘”[xuɛ^{24}do^{0}]里。这段圆木很像猪的身体，遂称作“年猪”[ȵie^{113}tsʅ^{0}]。圆木的四周加上炭火，让它慢慢燃烧，可以持续燃烧一两天。“煨年猪”的寓意是期盼来年养出大肥猪。

坐长寿夜 [zɤ^{11}tɕio^{33}ɕiəɯ^{24}iɑ^{0}]

即守岁。大年三十通宵不睡，除了可以和家人一起聊天、吃东西或者出去打牌等以外，还有一个重要原因，就是除夕之夜家里各个房间以及厨房、猪圈的灯都要点“长寿灯”[tɕio^{33}ɕiəɯ^{24}nai^{0}]（长明灯），各处的香也要持续燃烧不断。以前都是点油灯，灯盏容量有限，必须随时添油；以前也没有长香，所以还要随时添香。只有不睡觉，随时查看，才能保证整个晚上香火不断。不过，现在很少有“坐长寿夜”的了。

图7－26 开门

开门 [k^{h}ɛ^{24}mai^{0}]

为了迎接新年的到来，要举行“开门”仪式。开门要由男主人主持，男性晚辈一同参加，女性不管老幼都不能参加。子夜一过即进入新年，但按旧俗，每年开门的时间要根据天干地支计算而定，但老百姓通常不甚了了，所以只要过了子夜即可。以前多在下半夜，现在往往到天亮才进行。

起床后洗脸洗手，换上新衣服新鞋，先在屋里点香、烧纸、拜神位，然后一只手持燃着的香，另一只手把大门打开，在门口燃放鞭炮。由于外面黑咕隆咚的，开门的气氛显得很神秘。在以前，开门后还要到村庙里去拜佛。去村庙的路上，不管碰到谁，都互相不说话，这叫作“许头福儿”[xɯ^{52}dəɯ^{11}foŋ^{55}]（第一字本字存疑）。

上坟 [ʑio^{11}vai^{11}]

大年初一早上，吃过早饭后，全家大小（小孩们是必须要去的）要到祖先的坟上祭拜，叫作“上坟”，为了好听也说“拜年”[pɑ^{24}ȵie^{0}]。上坟时，要点香烛、烧黄表纸、燃放鞭炮，同时在坟墓的顶端压上红纸条（有的还加压黄表纸条），但不摆供品。由于全村的坟墓分散在各地，一个家庭往往有好几座坟墓，所以，初一早上，田野里、山坡上上坟的队伍络绎不绝，鞭炮声此起彼伏，蔚为壮观，似乎阴间比阳间还要热闹。

正月初一除了上坟以外，还有两项习俗值得一提。一是忌扫除，因为这一天是扫帚的生日。二是忌挑水，这一天也是水母娘娘的生日，所以大年三十要先把家里的水缸、水桶都备满水。

图7－27 上坟

拜年 [pɑ^{24}ȵie^{0}]

从正月初二开始“拜年”。初二媳妇回娘家，其他亲戚拜年不限时间，从初二到十五都可以。拜年时要带上糕点等礼物，主人则回赠“纸包”[tsʅ^{52}pə^{24}]（红包）和红鸡蛋，并同时伴以松柏的枝叶或万年青，以示“利市”[lei^{11}zʅ^{113}]（吉利）。如果是新婚未育的年轻夫妇，要给他们三个红包，其中一个是给将来的孩子的，叫作“添农头”[t^{h}ie^{33}nɑo^{24}dəɯ^{0}]，实际上就是希望他们早生贵子。红鸡蛋是煮熟再染红的，最高的礼遇是送七个，叫作“七个头鸡子”[ts^{h}ei^{52}kɑ^{24}dəɯ^{0}tɕie^{33}tsʅ^{535}]，“七个头”表示七个为一份的。也有送五个或四个的，但不能送六个，因为送六个有“断六亲”[dɤ^{11}lɔ^{11}ts^{h}ei^{24}]的意思。现在也有送八个的，寓意发财。

图7－28 七个头鸡子，纸包

汤团 [t^{h}o^{24}dɤ^0]

“汤团”是汤溪春节期间最主要的待客小吃。客人一进门，不管是什么时间，主妇会立即去厨房下汤团。因此，家里总是要备着一些包好的汤团。

汤团的皮儿用糯米粉揉成，馅儿一般是肉、冬笋、萝卜、豆腐干等。汤团的形状有点像鸡蛋，在封口处留下一个小尖儿。汤团需要用手不停转动和搓揉才能成形，所以汤溪话把包汤团叫作“搓汤团”[ts^{h}ɤ^{33}t^{h}o^{24}dɤ^0]。顾名思义，汤团是要带汤吃的。烧的时候先在碗里放一点荤油和酱油，再把煮熟的汤团和汤一起盛到碗里。

图7－29 汤团

年糕 [ȵie^{113}kə^0]

汤溪的“年糕”是用大米做成的。先把大米放在水里浸泡一天，再磨成米浆，然后放在石臼里反复捶打，叫作“打年糕”[na^{52}ȵie^{113}kə^0]，最后切成长条形。年糕浸在清水里，可保存一两个月不坏。以前“打年糕”靠手工，很费劲，一般村中没人会打，大家都是把大米送到专门的地方请人加工，现在都用机器加工。

图7－30 年糕

二　元宵节

灯夜 [nai^{24}iɑ^{0}]

农历正月十五汤溪话叫“正月十五”[tɕiai^{33}ȵiɤ^{11}ʑiɛ^{11}ŋ^{113}]。汤溪不吃元宵，也没有“元宵节”之类的名称，正月十五前后最主要的活动是“迎灯”[ȵiei^{33}nai^{24}]。（见图 7–31）“迎灯”这天晚上叫作“灯夜”。以前每个村子都要“迎灯”，大概是为了便于其他村子的人（特别是亲戚朋友）来自己村里看灯，邻近一些村子的灯夜往往是相互错开的，例如：

正月十三：石羊、直里。

正月十四：上李、上境、油麻车。

正月十五：汤溪、岩下。

正月十六：寺平。

正月二十：中戴。

因此，灯夜并不一定都在正月十五，不同村子的灯夜可能是不同的。现在有些村子不“迎灯”，也就没有灯夜。

正月里有的地方还有“跌狮子儿”[tia^{52}sɿ^{33}tsɿŋ^{52}]（舞狮子）、“跌马灯儿”[tia^{52}mo^{11}naiŋ^{24}]（舞马灯）等活动，不过现在很少见。

迎灯 [ȵiei^{33}nai^{24}]

在汤溪话里，“迎”[ȵiei^{11}]不是指迎接，而是“举”的意思，例如说“旗迎起来”（举着旗）、“手迎高点儿”（把手举高点儿）。“灯”[nai^{24}]不是电视里常见的那种用铁丝纱布扎成的软体龙灯，而是桥灯（汤溪话无专名）。“迎灯”时，大家举着下面的木棍，一起把整条龙灯高高举起游行，这也就是“迎灯”一词的本意。

“迎灯”活动一般从白天就开始，不过白天带有预演的性质，灯也不点着，所以叫

图7－31 迎灯

作“迎白灯”[ȵiei^{33}ba^{11}nai^{52}]。吃过晚饭后，夜幕降临，彩灯怒放，“迎灯”活动才算正式举行，相对白天的“迎白灯”而言，叫作“迎红灯”[ȵiei^{33}ɑo^{113}nai^{0}]。正式“迎灯”开始时，必须先到“太公坟”[tʰɑ^{33}kɑo^{24}vai^{0}]（祖坟）上表演一番，然后返回村中，按照固定的路线“迎”到每户人家的大门口去。“迎灯”队伍的前面专门有大锣开道，灯笼引路，吹鼓手奏乐助阵，武士们手持钢叉护卫。

以前，在“迎灯”过程中要把龙灯摆成各种阵式，例如“盘龙”[bɤ^{113}lɑo^{0}]、“绕双蝴蝶儿”[ȵiə^{11}ɕiɑo^{33}u^{33}tiɑŋ^{24}]等，精彩纷呈，惊险刺激。但现在很少有这些表演了，“迎灯”的主题基本上只剩下了求保佑和讨红包。

灯桥板 [nai^{33}tɕiə^{33}mo^{533}]

桥灯主要是由“灯桥板”构成的。所谓“灯桥板”，是一块约1.5米长、20厘米宽的木板，每一块“灯桥板”上面安三盏灯笼，灯笼之间插两束花（以前是手工做的纸花，现在都是买的绢花）。一块“灯桥板”就叫“一桥灯”[i^{52}dʑiə^{11}nai^{24}]，通常一户人家要做一“桥”灯，但也有些人家不做。如果村子小，一条龙灯可能由几十“桥”灯组成；如果村子大，则可能达到上百“桥”甚至一百多“桥”。组装龙灯时，要把各家的“灯桥板”连接起来。每一块“灯桥板”的两头都凿有圆孔，连接时分别与前后两块“灯桥板”的圆孔叠在一起，中间插入一根约一米长的木棍，叫作“灯拄”[nai^{24}tu^{0}]，再在“灯拄”上用楔子加以固定。上面那个楔子的细端上还有一个小孔，里面插着一根“鸡毛管”[tɕie^{33}mə^{33}kuo^{533}]（鸡翎儿），既有固定作用，又有装饰作用。

图7－32 灯桥板

龙头 [lɑo^{113}dəɯ^{0}]

除了“灯桥板”以外，龙灯当然还有“龙头”和龙尾。其中龙头是整条龙灯的灵魂，是人们行礼膜拜的对象。龙头一般是用乌柏木雕刻而成的，上面的龙眼炯炯有神，下巴上垂挂着白色的龙须，面部还插着两根长长的触角，似乎是从鼻孔里喷出的水珠。“迎灯”时，龙头要安放在一个高大的梯形木架上，叫作“龙头梯儿”[lɑo^{33}təɯ^{33}t^{h}eŋ^{24}]，龙头两旁还有武士手持钢叉护卫和壮威。

图7－33 龙头

关于龙头，当地有一个特别的习俗，就是允许到别的村子里“偷”龙头（例如汤溪镇岩下村的龙头就是从附近上徐村偷来的），偷来以后就可据为己有，主人不得干涉。如果需要做一个新的龙头，看到形状适用的乌柏树也可以随意“偷砍”。不过因为树木是个人所有的，所以把人家的树砍了之后，一般要送给主人一个红包，以表示谢意。主人则把此事引为吉利，不会计较。

图7－34 龙尾柄儿

龙尾柄儿 [lɑo^{33}ŋ^{11}mɑŋ^{535}]

尾巴汤溪话叫作“尾巴”[ŋ^{11}pɤ^{52}]，但龙尾叫作“龙尾柄儿”，“柄”单字读[ma^{52}]（阴去）。

图7－35 接灯

图7－36 满堂红

接灯 [tsie^{52}nai^{24}]

在“灯夜”，家家户户都要在堂屋里摆设供桌，上面供奉酒、米饭、馒头、豆腐以及香烛。当龙头到达自家门前时，主人要对着龙头拜香、烧纸，燃放鞭炮，并用自家的香烛换下龙头架上的，把这些曾插在龙头架上的蜡烛和香迎回家里。蜡烛的数量由各家自定，一般为五六根。有的人家如果家里当年有大事，例如有小孩出生，就会多换一些，最隆重的甚至要把龙头架上的蜡烛全部换一遍，称为“满堂红”[mɤ^{11}do^{113}ɑo^{0}]。这个仪式叫作“接灯”[tsie^{52}nai^{24}]。（见图 7–35、7–36）

因为每到一家，都要重复进行这一程序，所以实际上龙灯行进的速度非常缓慢。整个村走下来，就差不多天亮了。那些排在后面的人家，不得不熬夜恭候龙灯的到来。不过因为把“接灯”、换香烛看成一年开头的讨彩仪式，所以大家都心甘情愿，并无怨言。事实上，如果“迎灯”时把某户人家落下，那就被视为看不起他，说不定要闹出纠纷。当然，“接灯”也是要给红包的。

“迎灯”是一项集体性的大型娱乐活动，组织工作很麻烦，“迎灯”的人也很辛苦。所以现在有些村子已经不“迎灯”了。如果不“迎灯”，“接灯”的仪式就在祠堂里举行。“灯夜”这天，要把龙头安置在祠堂正中，在上面装饰上龙须、香炉、烛台、灯笼等，由专人负责给大家换香烛。“接灯”的仪式和“迎灯”时差不多，只不过各家各户要把香烛、烧纸、鞭炮拿到祠堂里来，再从祠堂里把换下来的香烛迎回家里。图 7–37 是一位老太太端着刚从龙头上换下来的蜡烛和香，盆里是稻谷和柏枝，寓意粮食丰收。她正在不停地祈祷龙王保佑她的儿子生意发财，孙子读书取得好成绩。

图7－37 “接灯”的老太太

接城隍老爷 [tsie^{52}ɕiai^{33}ɑo^{33}lə^{11}iɑ^{11}]

汤溪镇正月十五虽然也有“迎灯”活动（一般是从汤溪附近的村子“迎”来的），但主要活动并不是“迎灯”，而是“接城隍老爷”。以前，人们“接城隍老爷”是到城隍庙里去祭拜，十几年前改为出宫巡游。正月十五一大早，人们把城隍老爷夫妇的塑像安置在一辆专用的推车上，上面装上香炉、烛台、灯笼等，由大锣开道，武士护驾（肩扛大刀、长矛、方天戟等），乐队壮声，旌旗飘扬，在街上巡游。城隍老爷被视为一方的保护神，因此每家每户都要恭敬地迎接城隍老爷。当巡游队伍到达某个家门口或店门口时，主人要对着神像拜香、烧纸、燃放鞭炮，并用自家的香烛换下神像车上的，把这些曾插在神像车上的蜡烛和香迎回家里，这个仪式就叫作“接城隍老爷”。

在城隍老爷后面，紧跟着一辆车，上面坐着手捧大元宝的“财神”[zɛ^{113}ʑiai^{0}]。为图新年发财，“接城隍老爷”的时候人人都要献上红包。司仪收到红包后要当场打开，并把钱拿到香烛上方晃动几下，再取出一块长条形的红布挂到主人的脖子上，以示吉祥。

图7－38 接城隍老爷

图7－39 城隍老爷，财神

三　清明节

摘⁼馃 [tsa^{52}kuɤ^{535}]

汤溪清明节最主要的活动是"摘⁼馃"，也叫"打馃"[na^{52}kuɤ^{535}]。以前"馃"[kuɤ^{535}]一般只在清明时节做，但其他时间也有做的。不过清明做的"馃"跟其他时间做的不同，因此也叫"清明馃"[tsʰei^{33}mei^{33}kuɤ^{535}]或"清明馃儿"[tsʰei^{33}mei^{33}kuɯŋ^{52}]。（见图 7–40）

图7－40 清明馃

"馃"皮儿的原料是米粉和"鼠耳"[tsʰɿ^{52}ŋ^{113}]。米粉就是大米磨成的粉。"鼠耳"即鼠曲草，开春后生长在田间地头，叶青白色，密被白色绵毛。（见图 7–41）《诗经·国风·周南》："采采卷耳，不盈顷筐。"毛传："卷耳，苓耳也。"郭璞注："形似鼠耳，丛生如盘。"汤溪话的"鼠耳"或许就是《诗经》中所说的"卷耳"。"鼠耳"采回来后，择洗干净，放在锅里煮烂，再将米粉倒入拌匀，放在板子上揉成面团，揉好后切成剂子做皮儿。因为"鼠耳"是"清明馃"不可缺少的原料，所以"清明馃"也叫"鼠耳馃"[tsʰɿ^{52}ŋ^{11}kuɤ^{535}]。

图7－41 鼠耳

"馃"有两种，一种是扁圆形的，放甜馅儿；一种是饺子形的，放咸馅儿。（见图 7–40）甜馅儿用糖和芝麻拌成，咸馅儿用豆腐、竹笋、雪里蕻、肉、葱等切碎后拌成。

扁圆形的先把剂子捏成窝窝头的形状，放入甜馅儿，包成扁圆形的坯子，再放在“馃印”[kuɤ^{52}iei^{52}]里压成统一的样子。（见图 7–42）“馃印”就是压“馃”用的模子，底部刻有花鸟图案或“福”“囍”等字，压“馃”时正好把图案印在“馃”的表面。（见图 7–43）饺子形的先把剂子擀成皮儿，再像包饺子那样包好。传统的擀皮儿工具叫作“馃趚”[kuɤ^{52}lɛ^{341}]，中间粗，两头细。（见图 7–44）使用时把剂子放在板子上，双手握把儿，用中间部分来回地擀。但现在已逐渐被一种新式的木板夹子所取代。

“馃”做好后要放在蒸笼里蒸，蒸笼的底部要垫上一层荷叶，这样蒸出来的“馃”更加清香。

图7－42 压“馃”

图7－43 馃印

图7－44 馃趚

图7－45 烧清明

烧清明 [ɕiə^{33}ts^{h}ei^{24}mei^{0}]

清明这一天叫“清明日”[ts^{h}ei^{33}mei^{33}ȵiei^{24}]。传统习俗清明节当天不上坟，清明节前三天后七天期间都可上坟，叫作“前三后七”[sie^{33}so^{33}əɯ^{11}ts^{h}ei^{55}]。但现在年轻人受时间所限，清明节下午也有上坟的。

清明节上坟叫作“烧清明”或“祭清明”[tsie^{33}ts^{h}ei^{24}mei^{0}]。清明节上坟和七月十五、冬至差不多，都要在坟前摆设供品，点香烛，烧银锭和黄表纸，放鞭炮，并在坟上压黄表纸条。这种纸条叫“痁纸”[k^{h}uo^{52}tsɿ^{535}]，“痁”[k^{h}uo^{55}]即压的意思。但清明节的供品除了通常使用的酒、米饭、猪肉、青菜（一般是芥菜）、豆腐以外，还有“清明馃”。（见图 7–45 中最右边的供品）

望女 [mɑo^{11}na^{113}]

汤溪清明节有一个比较特殊的习俗，就是“望女”，有时也叫“担清明”[no^{33}ts^{h}ei^{24}mei^{0}]。女儿出嫁以后，娘家人（通常是母亲）要在清明前几天，提一个小竹篮，里面盛着几十个新做的“馃”、一盆用肉和豆腐干炒成的菜，去女儿家看望。因此，在当地小孩的记忆里，每逢清明节外婆就会给自己送“清明馃”来。

四　端午节

端午日 [nɤ^{33}ŋ^{11}ȵiei^{113}]

端午这一天叫“端午日”。当地人认为这是一个不好的日子，如果某人正好是农历五月初五出生的，要说成初四或初六出生。端午的中午尤其不吉利，认为干活不利，施肥无效，因此有端午中午不干活的习俗。俗话说“蛤□躲端午”[kɯ^{52}pɤ^{535}tɤ^{52}nɤ^{33}ŋ^{113}]，意为连癞蛤蟆都躲避端午节，人更要躲避。

端午期间天气转热，五毒出没，易发瘟疫，故需采取多种防毒、驱邪的措施。同时，在饮食方面要吃三种“黄”的东西，即“玉黄酒”[ȵiɔ^{33}ɑo^{33}tsəɯ^{535}]（雄黄酒）、“黄鳝”[ɑo^{33}ʑie^{113}]（鳝鱼）、“鸡子黄”[tɕie^{33}tsɿ^{52}ɑo^{11}]（蛋黄）。不过，实际上很少有人喝过雄黄酒，倒是有人用艾叶蘸雄黄酒点在小孩的脸上和身上，或在小孩的额头上画一个“王”字，但现在也很少有人这样做了。现在端午有吃“苋菜”[xuo^{33}ts^{h}ɛ^{52}]的习俗，当地的说法是吃了苋菜可以防止中暑。不过，苋菜炒熟后会变成红色，汤溪话“红”“黄”同音，也许是当地人把苋菜也当作一种“黄”了。此外，端午还要吃“大蒜”[dɑ^{11}sɤ^{52}]，说是吃了可防口臭。

插艾 [ts^{h}o^{52}ɛ^{341}]

端午期间家家户户都要在大门上插“艾”和“水菖蒲”[ɕiei^{52}tɕ^{h}io^{24}bu^{0}]（菖蒲）。民间认为艾象征旌旗，菖蒲象征剑，二者从大门两侧双向对插，形成交叉之势，可以威慑和阻挡邪恶之物。实际上艾和菖蒲都具有消毒祛瘴的作用。以前生小孩都是在家里接生的，接生婆给新生婴儿洗澡时，要在热水里放一些艾叶。

图7－46 艾，水菖蒲

印$^{=}$石灰 [iei^{33}sa^{24}xuɛ^{0}]

“印$^{=}$”[iei^{52}]是撒的意思。端午节当天中午，要在房屋周围、墙脚等处撒上石灰，因为石灰具有防毒、杀毒的作用。不过这种习俗如今已不太常见了。

画方天戟 [uɑ^{11}fɑo^{33}t^{h}ie^{33}tɕiei^{55}]

“方天戟”是古代的一种兵器，戏剧舞台上薛仁贵用的就是方天戟。端午那天，要在堂屋靠近门口的地面上，用石灰淋成一个方天戟的图形。方天戟的矛头要对着门口。除了方天戟以外，也有画“钢叉”[kuo^{24}ts^{h}o^{0}]的。这种做法显然是出于避邪的目的。不过现在很少有人画了。

图7－47 印=石灰

图7－48 方天戟

图7－49 箬

图7－50 裹粽

裹粽 [kuɤ^{52}tsɑo^{52}]

图7－51 粽

汤溪端午节最主要的活动是“裹粽”。“粽”[tsɑo^{52}]的主原料是糯米，同时根据喜好加上猪肉、土豆、蚕豆、豌豆、芋头等馅儿。其中糯米洗净变湿即可，肉切成条状，用酱油浸泡，土豆等切成小碎块，拌上辣椒、盐等作料。用来包粽子的叶子叫“箬”[ȵio^{113}]，是本地山区的一种植物，叶大而宽，除了包粽子以外，还用来编斗笠。（见图 7–49）包的时候先用两张箬叶折成一个斗形，放入糯米和馅儿，再盖上一张箬叶，包成一个圆柱形，同时在两头各折成两个角，两头的角方向不同，再用丝线捆紧。（见图 7–50、7–51）

担端午 [no^{33}nɤ^{33}ŋ^{113}]

端午期间，出嫁的女儿要回娘家看望父母，并送去猪肉、粽子、绿豆糕（从商店里买的）等礼物，叫作“担端午”。现在只送猪肉、啤酒、香烟等，不送粽子了。由于礼物一般是由女婿送去的，所以有时叫“望丈母”[mɑo^{11}dʑio^{11}m^{113}]。

五 其他节令

立夏子 [lei^{11}uo^{11}tsɿ^{535}]

立夏这一天要吃煮鸡蛋，叫作“立夏子”，此外做菜时还要做一个竹笋炒鸡蛋。吃过午饭后，大人小孩都要称体重，叫作“称农”[tɕʰiai^{24}nɑo^{0}]。汤溪话把卖淫也叫作“称$^{=}$农”（“称$^{=}$”本字不详），一说“称农”就会引起不好的联想。俗话说：“吃喽立夏子，大细麦日夜死”[tɕʰiei^{55}ləɯ^{0}lei^{11}uo^{11}tsɿ^{535}，dɤ^{11}sia^{33}ma^{24}ȵiei^{11}iɑ^{11}sɿ^{535}]，表示过了立夏，很快就要割麦子了。“喽”[ləɯ^{0}]是“落去”[lo^{0}kʰəɯ^{0}]的合音。

保稻 [pə^{52}də^{113}]

水稻是汤溪最重要的粮食作物。农历六月初，是单季水稻抽穗灌浆之际，又是害虫产卵繁殖高峰。为了驱除瘟疫，获得丰收，每逢六月初一要举行“保稻”活动，即请老天爷保佑。主要方式是请道士在村中祠堂里念经祈祷，念经时要用鸡、鹅当供品。此外，还要扛着大锣、抬着大鼓，到田里敲打、巡游。这一天家家户户要准备好酒好菜，大宴宾客（客人来得越多越好），叫作“吃保稻”[tɕʰiei^{52}pə^{52}də^{113}]。“保稻”的正日是六月初一，但有的村五月廿九就开始举行活动了，有一句俏皮话说“实要吃，廿九当初一”[ʑiɛ^{113}iə^{11}tɕʰiei^{55}，ȵie^{11}tɕiəɯ^{535}no^{33}tsʰu^{33}iei^{55}]，意思是太贪吃了，以至于把廿九当作初一。“保稻”活动已停止多年，现为金华市非物质文化遗产名录项目。

担六月初一 [no^{33}lɔ^{11}ȵiɤ^{11}tsʰu^{33}iei^{55}]

农历六月初一，娘家人要前往出嫁的女儿家里看望，并送去“麸筋馃”[fu^{33}tɕiei^{33}kuɤ^{535}]。这是一种用洗面筋时剩下的淀粉做的馃，扁圆形，甜的。（见图 4–25）这项活动也可以说成“望女”[mɑo^{11}na^{113}]。

图7－52 糕儿

炊糕儿 [tɕ^{h}i^{33}kəŋ^{24}]

农历七月十五汤溪话叫“七月半”[ts^{h}ei^{52}ȵiɤ^{11}mɤ^{52}]。到七月十二，家家户户就要“炊糕儿”。“炊”[tɕ^{h}i^{24}]是蒸的意思，“糕儿”[kəŋ^{24}]多用米粉、糖、“饭豇”[vo^{11}kuo^{52}]（赤豆）蒸熟，切成菱形，是一种甜点。也有人用米粉和肉丁做成咸的。

摆茶 [pɑ^{52}dzo^{11}]

“七月半”的前三天，即七月十二晚上，要在家里摆设茶水、糕点、“糕儿”，烧香焚纸，祭祀祖先，叫作“摆茶”。用汤溪话说是“太公太婆接归来吃”。

烧七月半 [ɕiə^{33}ts^{h}ei^{52}ȵiɤ^{11}mɤ^{52}]

农历七月十五要上坟，叫作“烧七月半”，供品中包括时令食品“糕儿”。跟清明节一样，不能在七月十五当天上坟，前三天后七天期间都可上坟。

担八月半 [no^{33}po^{52}ȵiɤ^{11}mɤ^{52}]

中秋节汤溪话叫“八月半”[po^{52}ȵiɤ^{11}mɤ^{52}]。当地中秋节要包粽子，吃月饼，其他没有什么特别的习俗，近年来兴起女儿给娘家送“月饼”[ȵiɤ^{11}mei^{535}]（当地糕点店制作出售的）、绿豆糕等礼物，叫作“担八月半”。由于礼物一般是由女婿送去的，所以有时也叫“望丈母”[mɑo^{11}dʑio^{11}m^{113}]。

图7－53 月饼

图7－54 荞麦面

冬夜 [nɑo^{24}iɑ^{0}]

“冬夜”是指冬至前一天的晚上，要吃“荞麦面”[tɕiə^{33}ma^{11}mie^{341}]（见图 7–54）。“冬夜”也可泛指冬至节，如要特指冬至当天则叫作“冬日”[nɑo^{33}ȵiei^{24}]。当地人对冬至极为重视，有“冬大如年”[nɑo^{24}dɤ^{341}ʑi^{0}ȵie^{11}]之说。过冬至时，儿孙们都要回家，而儿媳妇无论在哪里都要赶回家（婆家），否则对老人不利。俗话说：“过个冬，去个公”[kuɤ^{52}ka^{0}nɑo^{24}，k^{h}əɯ^{52}ka^{0}kɑo^{24}]，意为如果儿媳妇在外面过冬至，就会失去公公。冬至还有一项风俗就是要洗脚，当地人认为冬至洗脚可预防皮肤冻裂。

炒冬块 [ts^{h}ə^{52}nɑo^{24}k^{h}uɛ^{0}]

“冬块”[nɑo^{24}k^{h}uɛ^{0}]是指炒熟的“番藷片儿”[fo^{33}ɕi^{33}p^{h}iŋ^{535}]、花生、黄豆、蚕豆、玉米等。冬至期间要炒“冬块”，吃“冬块”。

烧冬 [ɕiə^{33}nɑo^{24}]

冬至上坟叫作“烧冬”，也叫“祭冬”[tsie^{33}nɑo^{24}]。跟清明节、七月十五一样，不能在冬至当天上坟，前三天后七天期间都可上坟。“烧冬”的特殊之处在于只能由儿子去烧，女儿不能去烧。俗话说“女烧冬，两头空”[na^{113}ɕiə^{33}nɑo^{24}，lia^{11}təɯ^{33}k^{h}ɑo^{24}]，意思是说如果女儿去上坟，会导致娘家、婆家都变穷。

捌·游戏娱乐

图8－1 婺剧

盛夏之夜，村子的场院上，明亮的月光下，大人们坐在一旁乘凉聊天，小孩子三五成群，或跳房子，或捉迷藏，或玩老鹰捉小鸡的游戏，“牵羊咩咩，芦菔塞塞”[tɕ^{h}ie^{33}io^{33}ma^{55}ma^{0}，lə^{33}bɔ^{11}sa^{55}sa^{0}]的童谣此起彼伏，在夜空中与孩子们的欢声笑语搅成一片。这是在电视机普及之前，汤溪农村里十分常见的景象。

农村孩子没有玩具，游戏也是因陋就简，但具有很强的运动性、互动性和合作性，对于一个人的健康成长起到了很好的作用，也成为人生中不可磨灭的记忆。

“婺剧”[vu^{11}dʑiei^{113}]（见图 8－1）是当地流行的地方戏。对老百姓来说，它既是最重要的娱乐方式，实际上也是一种重要的教化途径。婺剧可以说是当地人生活的一部分，通常每个人都能哼几句，很多村子一到冬季，就搭起班子，自导自演，自娱自乐。

今天，随着电视机的普及，电脑网络的出现，人们的娱乐方式已发生了巨大的变化。

一　游戏

摸乌盲儿 [$mo^{52}u^{33}maŋ^{24}$]

即捉迷藏，一个人蒙上眼睛逮人。在儿童游戏中，处罚输者的方法是打手掌，叫作“敲手□儿”[$k^hə^{33}ɕiəɯ^{52}k^huaŋ^{55}$]。

周⁼掩□儿 [$tɕiəɯ^{33}ie^{52}moŋ^{52}$]

小伙伴们先躲藏起来，由一个人去寻找。“周⁼”[$tɕiəɯ^{24}$]是躲藏的意思。

牵羊咩咩 [$tɕ^hie^{33}io^{33}ma^{55}ma^{0}$]

由一个人扮演买羊者，另一个人扮演羊倌，领着一群小孩排成纵队（扮演羊群），每个人都拉着前面的人的衣服。开始时，大家边走边唱：“牵羊咩咩，芦菔塞塞。牵羊儿卖羊儿，芦菔生姜儿。有盐吃咸菜，无盐吃淡菜。”

然后，羊倌问买羊者：“问尔个老表伯：羊儿买弗？”

买羊者答：“买个。”

羊倌：“买几只？”

买羊者：“眼睛撑齐未？”（眼睛都睁开了没有？）

羊倌：“一只添。”（还有一只眼睛未睁开）

买羊者：“再汏⁼来。”（下一趟再来）

重复“牵羊咩咩”至“眼睛撑齐未”。

羊倌：“撑齐罢。买几只？”

买羊者：“要买秃⁼买来！”（秃⁼：都）

于是买羊者开始从队伍里捉羊，往后就跟老鹰捉小鸡的玩法一样了。

赶前狗儿 [kɤ^{52}sie^{33}kuɯŋ^{52}]

小伙伴们在前面跑，由一个人去追赶。

榨火儿 [tso^{33}xuɯŋ^{52}]

许多人排成一排，从后面往前推挤。冬天时，既是玩耍，又可取暖。

拆刺窠 [tsʰa^{52}tsʰɿ^{33}kʰuɤ^{52}]

一个人用两只手的手指撑着细绳，构成一种图案，另一个人翻动细绳使之变成另一种花样。如此反复玩下去。多是女孩玩的。

跌谷儿 [tia^{52}koŋ^{55}]

右手握7粒小石子儿，沿地面从右到左顺势一撒，构成一定的分布。往上空抛一粒石子儿，迅速抓起地上的石子儿，再接住从空中落下的石子儿，以抓到多者为胜。抓地上石子儿的时候，不管抓几粒，都不能碰到其他的石子儿。

尽忠□ [dzei^{11}dʑiɑo^{11}pɑŋ^{55}]

即石头、剪子、布。边念边出手势，当念到[pɑŋ^{55}]的时候一起亮出手势。应从“尽忠报国”一词演变而来。第一字声母为文读，第二字的声母和声调都发生了变异，第三、四字发生了不规则的合音。这个说法很可能是外来的，当地人不知道它的写法。杭州话说“尽忠帮$^{=}$”[dʑiŋ^{33}tsoŋ^{33}paŋ^{43}]。

跷屋 [tɕʰiə^{33}ɔ^{55}]

即跳房子。

踢□子儿 [tʰei^{52}tie^{52}tsɿŋ^{52}]

“□子儿”[tie^{52}tsɿŋ^{52}]即毽子。

放纸鹞 [fɑo^{33}tsɿ^{52}iə^{341}]

“纸鹞”即风筝。

图8－2 抄麻将

抄麻将 [tsʰə^{33}mo^{11}tsɤ^{52}]

打麻将。这种游戏是外来的，“抄”[tsʰə^{24}]可能是“搓”[tsʰɤ^{24}]音之讹。

打老克 [na^{52}lə^{11}kʰɛ^{55}]

“老克”即扑克，又指扑克牌中的“K”。“J”叫“丁钩”[nei^{24}kɯ^{0}]，“Q”叫“皮弹”[bi^{11}do^{341}]，“A”叫“□司”[ɛ^{44}sʅ^{0}]。当地主要的玩法是“打乌龟”[na^{52}u^{33}kuei^{55}]，即争上游。

着棋 [tɕio^{55}dʑi^{0}]

也叫“走棋”[tsəɯ^{52}dʑi^{11}]，即下棋。

走四壁 [tsəɯ^{52}si^{33}pei^{55}]

四个由小到大的方框“□”依次套叠，从“□”的四角和每一边线的正中画线，把四个“□”串在一起，构成网形。两人各执 16 子在棋盘上摆放，当己方 3 子连成线时可吃掉对方 1 子，4 子连成线时可吃掉对方 2 子。一方的子被吃至无法连线为输。

图8－3 走四壁

图8－4 走金木水火土

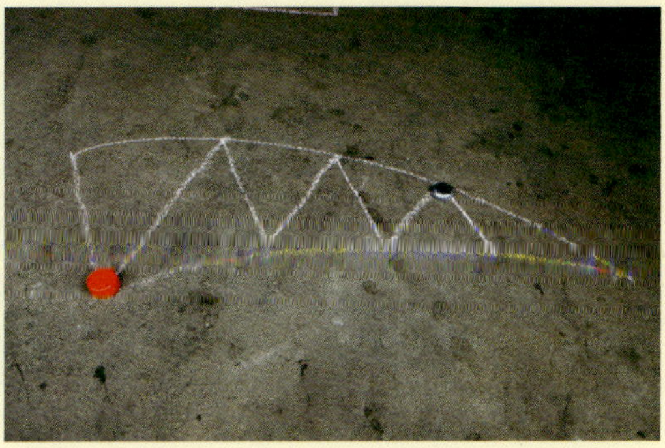

图8－5 走水牛老角

走金木水火土 [tsəɯ^{52}tɕiei^{33}mɔ^{113}ɕiei^{52}xuɤ^{52}tʰu^{535}]

两个长方形交叉套叠成一个大“十”字，双方各在对面摆放4子。吃子时按“金木水火土”的口令走五步（起步位也算一步），如果第五步正好碰到对方的子，就把它吃掉。一方的子全被吃掉为输。

走水牛老角 [tsəɯ^{52}ɕiei^{52}ȵiəɯ^{33}lə^{11}kuo^{55}]

外部为牛角形，里面用 6 条线相连，构成 9 个点（包括边角上的）。一方执 2 子，代表猫；一方执 1 子，代表老鼠。每人每次走一步，直至把老鼠方的子逼到牛角尖处为胜。

图8－6 和牌

斗迟⁼ [təɯ^{24}dzɿ^{0}]

也叫“打车马炮”[na^{52}tɕi^{33}mo^{11}pʰə^{52}]。一种用象棋作赌具的赌博方式。“迟⁼”[dzɿ^{11}]是指在该游戏中赢。

游和 [iəɯ^{113}u^{0}]

“和牌”[u^{113}bɑ^{0}]是一种窄条形纸牌，上面印着“万”[mo^{341}]（这里读[m]声母）、“索”[so^{55}]、“筒”[dɑo^{11}]等文字图案。打“和牌”叫作“游和”，规则类似麻将，是当地流行的传统的赌博方式。

图8－7 游和

㡉宝 [k^{h}uo^{52}pə^{535}]

即压宝，“㡉”[k^{h}uo^{55}]是压的意思。当地使用的“宝”为方柱形套件，下为底座，上为“宝盖”[pə^{52}kɛ^{52}]，里面是黑白两色的“宝心儿”[pə^{52}seŋ^{24}]，故称“白心宝”[ba^{11}sei^{33}pə^{535}]。以前木制，现在也有铜的，一面有缺口。庄家开宝时缺口处朝外，近身一侧为“归身”[kuei^{33}ɕiai^{24}]，对面为“出门”[tɕ^{h}iɤ^{55}mai^{0}]，左“青龙”[ts^{h}ei^{24}lɑo^{0}]，右“老虎”[lə^{11}xu^{535}]。赌博时，以打开盖子后白色所朝方位为准，压中者赢。“筹码”[tɕiəɯ^{33}mo^{113}]竹制，两边有表数的缺口，上写“四十”“伍拾”等字。

图8-8 宝

摆胜 [pɑ^{52}ɕiai^{52}]

“摆胜”是一种大型的以供品祭神的民俗活动，始于明，盛于清，1948 年后停办，近年开始恢复。每四年一次，逢子（鼠）、申（猴）、辰（龙）年的农历四月十六，在汤溪城隍庙举办。“摆胜”规模宏大，仪式隆重，供品都是各村各户的珍藏古董、特制工艺品以及美味佳肴。

除了城隍庙以外，一些大村也曾举行过“摆胜”仪式，例如汤溪镇寺平、中戴、下伊、黄堂、上徐等村，只是规模较小。（参看姜兆龙等《汤溪城隍庙摆胜祭祀》，《仙舟采风》总第2期，2012年6月）

图8－9 摆胜（1）（刘笑红　摄）

图8－10 摆胜（2）

二　戏剧曲艺

做戏 [tsɤ³³ɕi⁵²]

当地流行婺剧，以前很多村都有自己的戏班子。冬天农闲时集中排练，春节期间就在本村和附近村子演出，叫作“做戏”。演戏是农村里的重大娱乐活动。村里演戏之前，要把亲戚朋友接来“望戏”[mɑo¹¹ɕi⁵²]（看戏）。演戏的日子，全村男女老少悉数出动，戏台前面人头攒动，热闹非凡。现在村里自发组织的戏班子已大为减少，但有一些专业或半专业的剧团，会到农村里来巡演。图 8–12 是剧团里的盔头等“行头”[a¹¹³dəɯ⁰]。

图8－11 望戏

图8－12 行头

图8－13 台

台 [dɛ^{11}]

指戏台。一般搭建在较大的厅堂里，比较简陋。图 8–13 为汤溪城隍庙里的戏台，规模大，结构端庄，装潢讲究，有背景，有牌匾，楼上有化装间，左右两侧有“出将”“入相”二门通往化装间。

图8－14 后台

图8－15 敲鼓板

后台 [əɯ^{11}dɛ^{11}]

“后台”本来是指演戏时乐队坐的地方，一般搭建在戏台的右侧（图 8–14 右侧靠墙壁的部分），也借指剧团乐队。乐队总指挥是敲打“鼓板”[ku^{52}mo^{535}]（中空的夹板）的人，他同时还负责敲鼓。副指挥叫“正吹”[tɕiai^{33}tɕ^{h}i^{52}]，演奏二胡、唢呐等。

吹打 [tɕ^{h}i^{33}na^{535}]

即吹鼓手，在婚丧喜事等场合演奏乐器，包括鼓、锣、唢呐、二胡等。一般由四五个人组成一个小乐队，但也有一个人单干的（见图 8–16）。

锣鼓儿 [lɤ^{33}kuŋ^{52}]

泛指锣、鼓一类的乐器，主要包括：

桶鼓[dɑo^{11}ku^{535}]：统称桶形的鼓，其中粗大的叫“大鼓”[dɤ^{11}ku^{535}]，细小的叫“战

图8－16 吹打

鼓”[tsaŋ^{52}ku^{535}]。

大锣[dɤ^{113}lɤ^{0}]：平时也用来通知事情等。

细锣儿[sia^{33}lɯŋ^{24}]：也叫“得得锣儿”[tɛ^{52}tɛ^{52}lɯŋ^{113}]，用木片的侧面敲击的一种小锣。

□[tɕʰiaoŋ^{55}]：钹。有“大□”[dɤ^{11}tɕʰiaoŋ^{55}]（图 8–20 右侧手提的）、“细□”[sia^{33}tɕʰiaoŋ^{55}]之分（图 8–20 左侧手提的和图 8–19 手提的）。

图8－17 桶鼓

图8－18 大锣

图8－19 细锣儿

图8－20 □[tɕʰiaoŋ^{55}]

图8－21 哈啦

哈啦 [ɦɑ¹¹lɑ⁵⁵]

也叫“先锋”[sie²⁴fɑo⁰]。铜制，长约五六尺，可伸缩，下端为喇叭形，吹奏时发出“ɦɑ¹¹ɦɑ¹¹ɦɑ¹¹……lɑ⁵⁵……”的声音，常在英雄或神怪出场时使用。图 8–21 是婺剧《闹花台》的场面，右侧二人吹的就是“哈啦”。

唢呐 [zɤ¹¹no²⁴]

读音特殊，可能该乐器和名称都是由外地传入的。

图8－22 唢呐

图8－23 胡琴

胡琴 [u^{113}dʑiei^{0}]

统称二胡、京胡、板胡，其中二胡也叫“两胡”[lia^{113}u^{0}]。有大小之分，小的叫“细胡琴儿”[sia^{33}u^{33}tɕieŋ^{24}]。

麦笛儿 [ma^{11}deŋ^{113}]

在麦秆上戳出眼儿，做成笛子的样子，可吹出声音，为小孩玩耍用。

图8－24 白蛇传

图8－25 三请梨花

婺剧 [vu^{11}dʑiei^{113}]

也叫“金华戏”[tɕiei^{33}uɑ^{24}ɕi^{0}]。是本地流行的地方戏。婺剧源于明朝中叶，由徽戏向南流传而成。200年前，四大徽班进京，演变发展出了京剧，但徽戏自身反而日益衰落。婺剧拥有800多个大小剧目，3000余首曲牌，较好地保存了徽戏的剧目和特点，有徽戏“活化石”之称。因此，梅兰芳先生曾说：“京剧要寻找自己的祖宗，看来还要到婺剧中去找。”

婺剧传统上是用金华官话（即文读音）来演唱的，但各地的演员免不了会夹带着自己的方言特点，现在有些演员甚至干脆使用普通话了。

唱山歌儿 [tɕʰio^{33}ɕio^{33}kuɯŋ^{24}]

“山”单字音[so^{24}]，可能因受前字“唱”[tɕʰio^{52}]的读音影响而变。汤溪地区曾经流传许多脍炙人口的传统山歌，但如今基本上已销声匿迹。近年来逐渐开始有人搜集、整理和传唱，由张广天先生演唱的《老老嬷》在网上风靡一时。图8–26是汤溪摇篮曲《摇一摇，摇到外婆桥》的抄本。

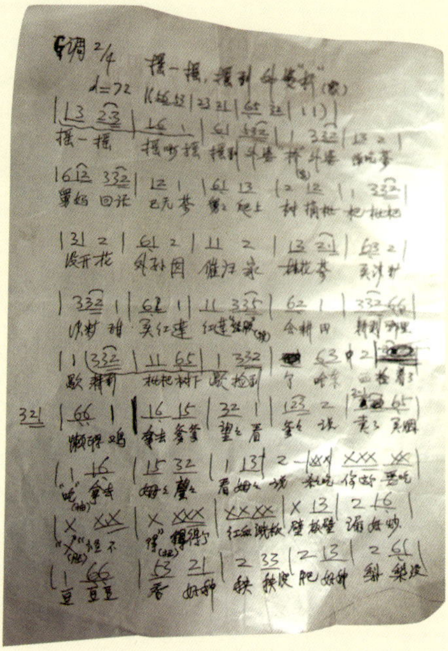

图8－26 山歌儿

打莲花呱儿 [na^{52}lie^{33}xuo^{33}kuɑŋ^{55}]

即演唱莲花落。“莲花呱儿”是指演唱时敲打的竹板。乞丐行乞时，站在门口边打边唱，主人不喜欢乞丐在门口唱个没完，往往尽快打发走人。

搒新闻 [pa^{33}sei^{24}vai^{0}]

即演唱道情，是一种单人多角色说唱艺术。“搒”[ba^{11}]是拍打的意思，“新闻”是指金华道情。“搒新闻”的道具主要是一个蛇皮长竹筒，叫“新闻筒”[sei^{33}fai^{24}dɑo^{0}]，此外还有两片长竹板。演唱时右手拍竹筒，左手打竹板，唱一段，加几句说白。道情是金华地区重要的民间曲艺，但在汤溪不太流行。

做戏法儿 [tsɤ^{33}ɕi^{33}fuŋ^{55}]

也叫“变戏法儿”[mie^{33}ɕi^{33}fuŋ^{55}]或“做把戏”[tsɤ^{33}pɑ^{55}ɕi^{0}]，即表演魔术。

玖·宗教信仰

汤溪境内有两大名胜，一是“九峰岩”[tɕiəɯ^{52}fɑo^{24}uo^{0}]，二是“城隍殿”[ɕiai^{33}ɑo^{24}die^{0}]（见图9－1），它们都与宗教信仰有关。东汉名士龙邱苌隐居九峰岩；相传晋葛洪炼丹于此，丹灶犹存；南朝梁时达摩云游至此，始建寺庙。长期以来，儒释道在九峰岩各得其所，并行不悖。如今，九峰岩香火旺盛，在当地民间宗教生活中发挥着重大作用。城隍殿立汤溪县第一任县令宋约为神，宣传因果报应，赏善罚恶，由于城隍殿的官方地位，它在汤溪人的信仰和教化方面也具有重要的作用。

在当地流传的民间故事中，鬼怪故事为数不少。在笔者的家族中，也流传着一个“五道太婆”[ŋ^{11}də^{11}tʰɑ^{24}bɤ^{0}]的传说，相传她是蛇精所化的神，擅搬运之术。旧时当地人遇小事烧香拜佛，遇大事则念经做法，其他如算命看相、抽牌测字等活动十分普遍，驱鬼、女巫通灵等神秘现象也时常可见，祛病、避邪的方术多种多样。“接龙”[tsie^{55}lɑo^{0}]求雨与农业生产结合，已发展成为一种规模宏大、礼仪严格的地方民俗文化。

图9－1 城隍殿

一　祖先神鬼

谱 [pu^{535}]

指族谱。“谱”声母不送气。以前每村每姓都有家谱，用以记载家族历史、人物事迹、阳宅图、阴宅图等。有的还载有“排行字母”，即该家族每一代的代表字。图 9–4 是汤溪镇岩下村《曹氏宗谱》里的排行字母：昭贤泰富兴，通宝洪永宣，仁义礼智信，淳良裕美丛，敬顺慈敦睦，乾元亨利贞，恭宽和敏惠，钦明文思安，肃义哲谋圣，福禄康寿强。

又如罗埠镇下章村《章氏宗谱》里的排行字：贤鼎端胜兴，进荣华富贵，崇高昌茂盛，和厚泰安康，谦恭惠吉祥，敬爱敦雍睦，忠孝永联芳。

“上谱”[ʑio^{11}pu^{535}]意味着正式成为家族成员。家有男孩出生后，要到“谱头手”[pu^{52}təɯ^{33}ɕiəɯ^{535}]（负责修谱的人）那里“上谱”（女孩不“上谱”），同时送上礼物。“谱头手”会把孩子的姓名、排行、出生日期时辰等先录在“草谱”[ts^{h}ə^{52}pu^{535}]上，待正式修谱时再编入。

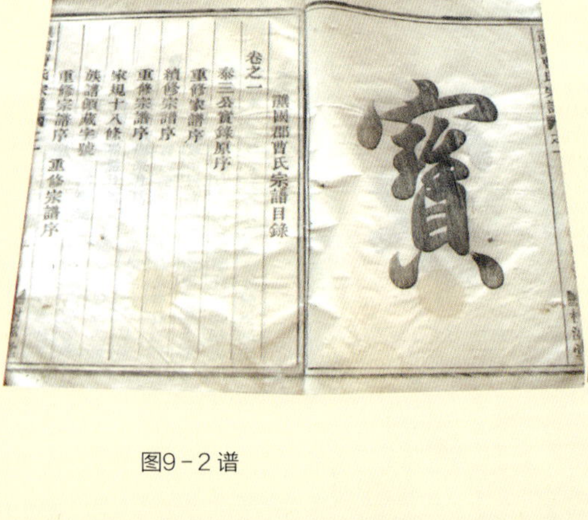

图9 - 2 谱

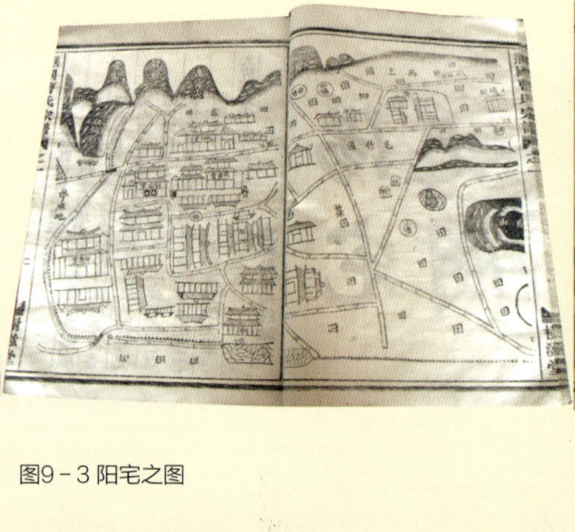

图9 - 3 阳宅之图

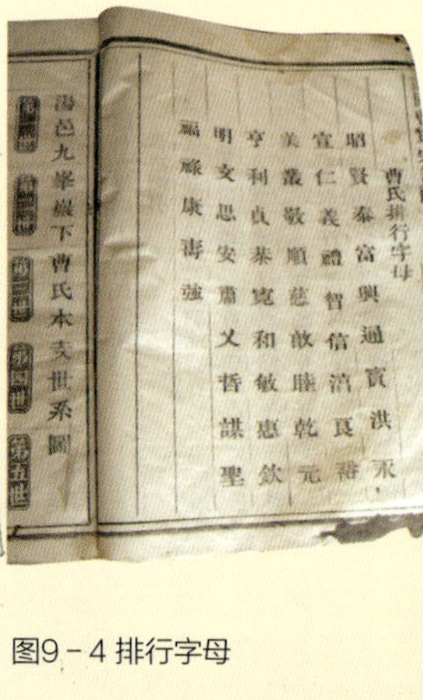

图9 - 4 排行字母

图9－5 刘氏宗祠

图9－6 戴氏宗祠

祠堂 [zɿ^{113}do^{0}]

大门上方多写着“×氏宗祠”，门前多有一个大池塘，以合风水。里面悬挂祖先画像，安放牌位，长年供奉，甚至遍插“护谱”之旗，以显示家族和家谱的威严（见图9–7）。祠堂是神圣所在，不得随便进入，因此，“开祠堂门”[kʰɛ^{33}sɿ^{33}to^{24}mai^{0}]是家族里的重要事件。

图9－7 百顺堂（戴氏宗祠内部）

厅 [tʰei^{24}]

“厅”是村里同一姓氏各分支所建的公用房屋，因此一个村里有多座“厅”，例如蒋堂镇下汪村原有“十厅两祠堂”。厅不像祠堂那么威严肃穆，建筑风格丰富多彩，一般为三进。图 9–8 是岩下村的“美十厅”[mɛ^{11}ʑiɛ^{11}tʰei^{24}]，“美十”是“美”字辈排行第十的一位祖先，该厅由他负责修建。图 9–9 是汤溪镇中戴村的“花厅”[xuo^{24}tʰei^{0}]。它规模宏伟，雕刻精美（不过门楼砖雕上还抹着“文革”时代的水泥）。图 9–10 是汤溪镇上境村的“砖厅”[tɕiɤ^{24}tʰei^{0}]遗址，该厅的特点是柱子及其上方的横梁都用砖垒成。如今，厅堂已毁，柱、梁被改建成一堵墙（与墙合二为一），成为另一座房子的一部分。

图9－8 美十厅

图9－9 花厅

图9－10 砖厅

图9－11 堂屋

堂屋 [to^{33}ɔ^{55}]

村里的公共建筑，一般为二进。主要用来祭祀祖先、停放灵柩、守灵、做法事等。土改后，有的“堂屋”改为民居（灵柩改放在“厅”上），有的前进当“堂屋”，后进住人。

殿 [die^{341}]

即庙。汤溪话没有“庙”这个词，即使门上写着“庙”“祠”等名，口头上仍说“殿”。尼姑庵一般叫“尼姑寺”[ȵi^{33}ku^{24}zɿ^{0}]。

汤溪镇陶寺村的祖先陶成为明代抗倭英雄，朝廷敕封“忠烈”，建祠祭祀，陶氏后代在此守护，繁衍成村。村名本该作“陶祠”，但汤溪话“祠”“寺”位于双音节末尾时读音相同，遂讹为“寺”，实际上与“寺”无关。“忠烈祠”为表彰祭祀一个名人而建，这种庙宇在本地很少见。（见图 9–14、9–15）

图9－12 龙王庙

图9－13 禹王庙

图9－14 忠烈祠

图9－15 崇报堂（忠烈祠内部）

图9－16 城隍庙

城隍殿 [ɕiaɪ^{33}ɑo^{24}die^{0}]

“城隍殿”位于汤溪镇，大门上方雕着“城隍庙”三个大字（见图 9–16），但当地人都叫它“城隍殿”。始建于明代成化八年（1472 年），清同治五年（1866 年）重建。占地面积 6700 余平方米，建筑面积 2800 余平方米。坐北朝南，沿中轴线依次为头门、放生池、二门、过厅、正殿、寝殿等。进门设有戏台。（见图 8–14）头门与二门之间为放生池，奈何桥横跨其上。（见图 9–18）城隍殿建筑宏伟，雕刻精美，壁画华丽，保存完整，被誉为“江南第一庙”，是浙江省重点文物保护单位。每年农历四月十六为其庙会。

图9－17 城隍殿（内部）

图9－18 奈何桥

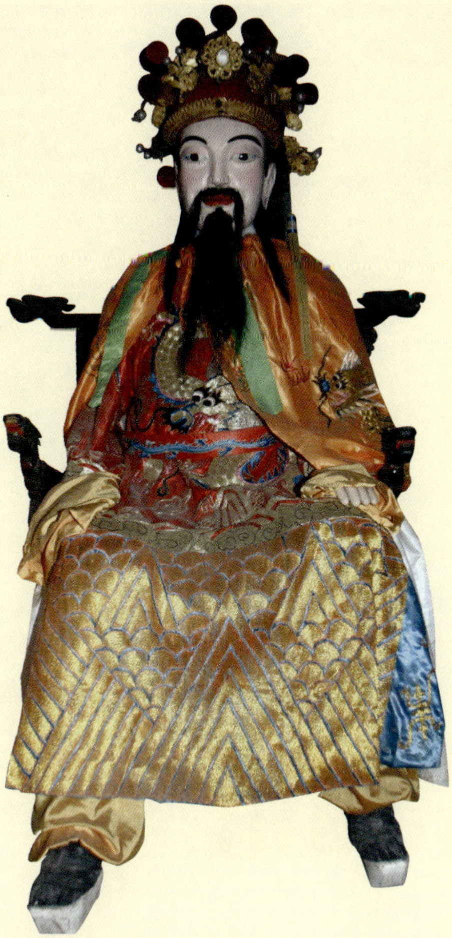

图9－19 城隍老爷

城隍老爷 [ɕiai^{33}ɑo^{33}lə^{11}iɑ^{11}]

汤溪城隍殿里供奉的“城隍老爷”是汤溪县第一任县令宋约。汤溪于明成化七年（1471 年）设县，河南胙城（今属延津县）人宋约任首任县令。宋约为官清廉，体恤百姓，造福一方，深受百姓爱戴。宋约去世后，当地人追奉他为“城隍老爷”。

九峰岩 [tɕiəɯ^{52}fɑo^{24}uo^{0}]

九峰岩古名“龙邱山”（“邱”亦作“丘”）。《后汉书·郡国志》注引《东阳记》曰：太末“县龙邱山有九石，特秀林表，色丹白，远望尽如莲花。龙邱苌隐居于此，因以为名。其峰际复有岩穴，外如窗牖，中有石林。岩前有一桃树，其实甚甘，非山中自有，莫知谁植。”龙邱苌，东汉名士，王莽连辟不至，时与严子陵齐名。秦置太末县，古治即在九峰岩山口。乾隆《汤溪县志》：“其城阛街址，历历犹存。”

当地关于九峰岩的传说中，有达摩始建九峰禅寺之说，故九峰岩主峰又名“达摩峰”（不过当地口语中并没有这种叫法）。据《善慧大士录》里的《嵩头陀法师传》，达摩于梁普通元年（520年）离香山寺南游，后至龙邱，见南山岩势孤秀，可以置寺，遂建“龙邱岩寺”（即九峰禅寺，当地人称“九峰寺”[tɕiəɯ^{52}fɑo^{24}zʅ^{0}]），寺成继续云游，最后又返回龙邱岩寺，直至圆寂于此。此外，还相传晋葛洪来九峰岩炼丹，后世丹灶犹存。南齐徐伯珍在九峰岩“筑室讲学，授徒千人”。其裔孙，唐吏部尚书徐安贞自幼在九峰岩读书，并建安正书堂，晚年归隐于此。龙邱苌、徐伯珍、徐安贞被尊为九峰三贤，立祠供奉。

九峰岩“岩洞玲珑，望之似蜂巢”。刀劈斧削般的悬崖峭壁之上，布满大小不一、形状各异的山洞。其中最大的一个叫作“九峰仙洞”[tɕiəɯ^{52}fɑo^{24}sie^{24}dɑo^{0}]，可

图9－20 九峰寺

图9－21 九峰禅寺

图9－22 九峰仙洞

图9－23 开殿门

容数百人。洞前有一帘瀑布从山顶落下，随风飘洒，“如泻珠玑见雨天”。仙洞的前部是一个称为“大殿”[dɑ^{113}die^{0}]的大厅，中间安放着各种佛像和十八罗汉。

“文革”期间，九峰岩寺庙建筑惨遭毁坏。近年来逐渐修复，如今已成为远近闻名的佛教圣地和避暑胜地。

开殿门 [k^{h}ɛ^{33}tie^{24}mai^{0}]

每年农历八月初一为九峰岩“开殿门”的日子。当天一大早，善男信女簇拥门外，一开门，便争先恐后进去烧香。如今，八月初一已成为九峰岩一年中规模最大的庙会，热闹非凡。以前“开殿门”时还要放鞭炮。“开殿门”之后，逢农历双数日拜佛。

老佛 [lə^{11}vɛ^{113}]

也叫“老爷爷”[lə^{11}iɑ^{113}iɑ^{0}]，即佛像。例如“观音娘娘”[kuo^{33}iei^{33}ȵio^{24}ȵio^{0}]、“布袋和尚”[pu^{33}dɛ^{11}uɤ^{113}ʑio^{0}]（弥勒佛）、“十八罗汉”[ʑiɛ^{11}po^{52}lɤ^{113}xɤ^{0}]等。

图9－24 老佛

图9－25 布袋和尚

图9－26 祠堂里的“牌位”

图9－27 供奉灶君之位

牌位 [ba^{113}uei^{0}]

庙宇、祠堂、家里供奉的灵位，内容和形式多种多样。例如在戏班子里，贴着“供奉唐明皇之位”，以供祭拜。

马鞍桌 [mo^{11}ɤ^{33}tɕio^{55}]

即供桌。因两头翘起，形似马鞍而得名。图 9–28 中的“马鞍桌”为石制，较为少见。一般的桌子也可用作供桌。

图9－28 马鞍桌

图9－29 山神土地

图9－30 土地公

山神土地 [so^{33}ɕiai^{33}t^{h}u^{52}di^{341}]

在汤溪话里，“山神、土地”常常连用，泛指掌管土地（包括山地）的神，供奉形式上也没什么区别。如要特指土地神，则叫“土地公”[t^{h}u^{52}di^{11}kɑo^{52}]。

樟树娘 [tɕio^{33}ɕi^{24}ȵio^{0}]

汤溪人崇拜树神，崇拜的对象一般是村中古樟，称为“樟树娘”。以前，如果小男孩多病难养，就拜樟树为母，尽管是男孩，名字却叫作“樟树女”“树女”等，以求女孩易养。“女”字读[na^{113}]，当地人一般写作“奶”。

图9－31 财神

财神 [zɛ^{113}ʑiai^{0}]

汤溪的“财神”供奉在城隍殿里，手里捧着一个大元宝，可是前面却放着一只赞助箱。

门神 [mai^{113}ʑiai^{0}]

通常认为“钟馗”[tsɑo^{24}guei^{0}]（“钟”声母特殊）是“门神”，但很少有贴在门上的。口语中还有“门床神”[mai^{33}k^{h}uo^{52}ʑiai^{11}]一说，例如“门床神好”，意思是指这户人家的家运好，但实际上没有这样一个神。

图9－32 香筒

香筒 [ɕio^{33}dɑo^{0}]

一个细竹筒，挂在门旁的墙上，供敬奉门神时插香用。

鬼 [kuɛ^{535}]

当地人心目中比较重要或经常提到的“鬼”有：

白长农[ba^{11}dʑio^{113}nɑo^{0}]：白无常。

牛头马面[ȵiəɯ^{33}təɯ^{33}mo^{11}mie^{341}]：图 9–34 最右侧的是“牛头”[ȵiəɯ^{113}dəɯ^{0}]。

饿鬼[uɤ^{11}kuɛ^{535}]：饥饿的鬼。

水鬼[ɕiei^{52}kuɛ^{535}]：水里的鬼。

图9－33 白长农

图9 - 34 牛头

图9 - 35 马面

火烧鬼[xuɤ^{52}ɕiə^{33}kuɛ^{535}]：放火的鬼。

吊死鬼[tɤ^{33}sʅ^{52}kuɛ^{535}]：上吊的鬼。

闲神野鬼[uo^{33}ɕiai^{33}iɑ^{11}kuɛ^{535}]：孤魂野鬼。

活鬼[uo^{11}kuɛ^{535}]：活着为人形的鬼，形容像鬼一样的人。

在汤溪话里，“鬼”也用于指男孩儿，含轻蔑意。

基督教 [tɕi^{33}tɔ^{52}tɕiɑ^{52}]

基督教在汤溪不流行，仅在汤溪镇见到一处教会。

图9 - 36 基督教会

二　民间活动

算命 [sɤ^{24}mei^{0}]

凭生辰八字推算命运。算命的人叫作“算命先生”[sɤ^{33}mei^{11}sie^{24}sa^{0}]，因为多为盲人，所以也叫“算命盲儿”[sɤ^{33}mei^{11}maŋ^{24}]。

望相 [mao^{11}sɤ^{52}]

通过看面相、手相以及触摸骨骼等推算命运。

图9－37 算命盲儿

图9－38 算命

图9－39 望相

图9－40 牌

图9－41 抽牌

抽牌测字儿 [tɕʰiəɯ^{33}pɑ^{33}tsʰɛ^{52}zɿŋ^{113}]

指“抽牌”[tɕʰiəɯ^{24}bɑ^{0}]和“测字”[tsʰɛ^{52}zɿ^{341}]，不过本地很少有测字的，所以主要是指抽牌。所谓“牌”[bɑ^{11}]，是画着各种吉凶图案的折页，例如“四时报喜”“满载而归”“麒麟贵子”“鲤鱼跳龙门”“聚宝盆”“摇钱树”“着蓑衣救火”“老鼠钻牛角”“朱买臣春秋卖柴”（见图 9–40）等，有几十张。算命时，顾客从牌盒中随意抽取三张，由算命先生打开解读。如果抽到的牌太差，算命先生会让顾客再补抽一张。

念经 [n̡ie^{11}tɕiei^{24}]

本地做法事时多请道士“念经”。图 9–42 是道士们在汤溪城隍殿里念经。

图9－42 念经

拜老佛 [pɑ^{33}lə^{11}vɛ^{113}]

即拜佛。也叫“拜老爷爷”[pɑ^{33}lə^{11}iɑ^{113}iɑ^{0}]。拜佛时除了跪拜或弯腰揖拜之外，主要内容有“烧香”[ɕiə^{33}ɕio^{24}]、“点蜡烛”[nie^{52}lo^{11}tɕiɔ^{55}]、“烧烧纸”[ɕiə^{33}ɕiə^{33}tsɿ^{535}]（“烧纸”即黄表纸），若逢重要场合，还要“供”[kɑo^{52}]上各种瓜果酒食。图 9–47 是农历四月十六汤溪城隍殿里城隍老爷面前的供品。

图9－43 拜老佛

图9－44 烧香

图9－45 点蜡烛

图9－46 烧烧纸

图9－47 供

求签 [tɕiəɯ^{33}tsʰie^{24}]

人在神佛面前抽签来占吉凶。图9–48是汤溪城隍殿里的签筒和签。签上刻着“第四十签”“第四十七签”等字。

问仙姑 [mai^{11}sie^{24}ku^{0}]

“仙姑”即能通灵的女巫，做法时能使鬼神附体。“问仙姑”就是有病有灾的人请“仙姑”做法，向她询问病灾的起因和消除的方法。问仙姑是本地最重要的通灵方式。

图9–48 签

讴惊 [əɯ^{33}kua^{24}]

即招魂。小孩在外面受惊吓后得病，认为是魂丢了。为了把他的魂招回来，母亲要在早晨或黄昏时，拿着“茶叶米”[tso^{33}ie^{11}mie^{113}]（把茶叶放在大米里拌成的）到小孩受惊吓的地方，一路边撒“茶叶米”边喊“我个××（名字）归来啊，我个××归来啊”直至家中。如患者是大人，则叫：“高嬉嬉也归来，低嬉嬉也归来，远嬉嬉也归来，近嬉嬉也归来。”

剪衣裳角头 [tsie^{52}i^{33}ʑio^{0}kuo^{55}dəɯ^{0}]

如果小孩被别人威吓后得病，家长要从那个人身上衣服的边角上剪一点布，回来后放在开水里泡，再给小孩喝，认为喝了以后可以压惊，叫作“剪衣裳角头”。

竖土气 [ʑi^{11}tʰu^{52}tɕʰi^{52}]

也叫“竖土”[ʑi^{11}tʰu^{535}]。“土气”是指无名秽气，人染上秽气后会没精神、没食欲、恶心欲吐。当地人认为这是“土气带着”。治疗的方法是，盛一碗清水，用五根（也可三根，要单数）筷子在清水里浸一下，对着患者的嘴一边转圈一边念诀：“竖土，竖土，听哪农（给谁）竖土？听××（名字）竖土。跟来个土，带来个土，竖竖便清楚。屋前屋后跟来个土，满田满畈带来个土，东南西北个土，竖竖便清楚。竖得迟，好得快！”念完后，叫患者对着筷子“哈”地呼一口气，再把筷子竖在水碗里，待筷子倒了病就好了。如果过了一天筷子还不倒，就用菜刀的背把筷子“砍”倒。

图9－49 钢叉

隔邪 [ka^{55}zia^{0}]

即避邪。当地避邪方法多样，最主要的是在大门上方安“钢叉”[kuo^{24}ts^{h}o^{0}]，挂“镜”[tɕiei^{52}]、“剑”[tsie^{52}]、“八卦”[po^{52}kuo^{52}]、“米筛”[mie^{11}sɿ^{24}]等物，这些东西可灵活组合使用，如果没有实物，也可画在墙上。

图9－50 钢叉，镜，剑，八卦

图9－51 剑，八卦

图9－52 钢叉，镜，米筛

在婚礼、丧事中，要制作专门的“米筛”（把“尺”[tɕʰiɛ^{55}]、“剪刀”[tsie^{52}tə^{24}]、“镜”、“万年青”[vo^{11}ȵie^{113}tsʰei^{0}]、“松儿”[sɑoŋ^{24}]、“柏儿”[pɑŋ^{55}]等都捆扎在筛子上），在一些重要场合用来阻挡妖魔鬼怪、邪恶之物。（见图 9–53）

文字和符也是避邪的重要手段，例如在门口贴上“姜太公在此”“甲马将军”等斗方，图 9–56 是丧事期间挂在门上的符。如果大门朝向不好，也可立一块“泰山石敢当”的石碑，不过这在当地比较少见。

图9 - 53 米筛，尺，剪刀，镜，万年青，松儿，柏儿

图9 - 54 姜太公在此

图9 - 55 甲马将军

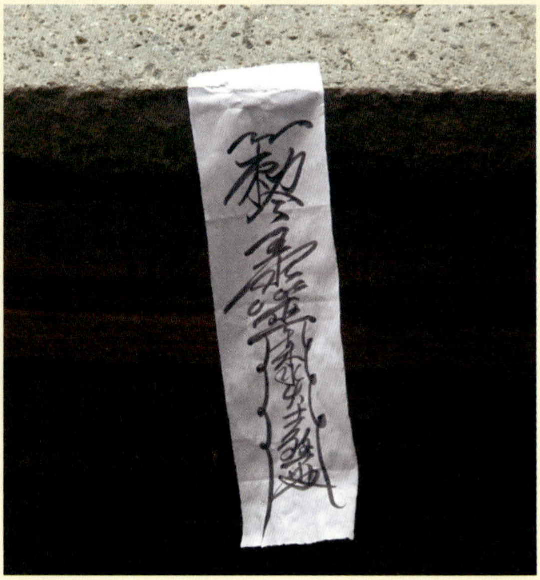

图9 - 56 符

图9－57 泰山石敢当

接龙 [tsie^{55}lao^{0}]

一种祈雨仪式。大旱之年，为求老天下雨，要到汤溪与武义交界的箬阳龙潭“接龙”。所谓“龙”[lao^{11}]，是指龙潭里的青蛙、虾、泥鳅等小动物，捉到后装入“龙瓶”[lao^{113}bei^{0}]，快速背回村中，供村民祭拜。（参看姜秉权《接龙——泽口祈雨文化史探》,《仙舟采风》总第2期，2012年6月）

岩下村有一座叫“龙岩”[lao^{113}uo^{0}]的高山，山下有个“龙潭”[lao^{113}dɤ^{0}]，山上还有个“龙岩洞”[lao^{33}uo^{24}dao^{0}]，洞里盘踞着一条龙（由岩石形成的），当地人称之为“吸壁龙”[ɕiei^{52}pei^{55}lao^{0}]，龙的嘴里常年不断地滴着山泉。因此，“龙岩”和“龙潭”被视为神山圣水，也是接龙求雨的好地方。

图9－58 龙岩，龙潭

〔 汤溪方言音系 〕

一　声韵调

1. 声母 28 个，包括零声母在内。例字右下角的“1”表示又读音当中最常用或最口语化的读音，“2”次之。

p布八	pʰ派	b盘簿步白	m帮门蚊	f飞灰$_2$翻$_1$	v房闻罚$_1$
t到得	tʰ太	d同稻大夺	n端店$_1$难		l兰连路
ts精增争祖	tsʰ秋仓醋初	dz茶		s修僧生丝师诗	z齐曹
tɕ经蒸主举贵	tɕʰ丘昌处	dʑ潮桥	ȵ店$_2$年认软严	ɕ休声书虚	ʑ树
k工	kʰ开去	g渠$_{\text{他}}$狂		x化灰$_1$翻$_2$	ɦ罚$_2$
ø袄硬椅胡话芋母午					

2.韵母 55 个，包括自成音节的[m][ŋ]在内，其中[ɑŋ iɑŋ uɑŋ yɑŋ]4 韵基本上是文读专用韵母，[eŋ oŋ uŋ ɑoŋ iɑoŋ uɑoŋ]6 韵基本上是象声词和感叹词专用韵母。小称专用韵母未包括在内。

ɿ紫纸	i医飞闭书$_1$雨$_1$跪$_1$	u古初吴富雾	y书$_2$雨$_2$跪$_2$
a耕格	ia借贴铁	ua横划$_{\text{计～}}$	

ɑ拖洒街	iɑ蛇$_1$捏$_1$	uɑ怪快	yɑ蛇$_2$捏$_2$
o爬毯炭烫剥	io张$_1$脚$_1$桌$_1$	uo架官缸江鸭	yo张$_2$脚$_2$桌$_2$
ɤ多男汗枪割	iɤ远$_1$血$_1$	uɤ鹅过	yɤ远$_2$血$_2$
	ie洗尖选叶浙		
ɛ盖妹夺佛北	iɛ十实织	uɛ块国	
ə刀包	iə妖叫		
ɯ锯狗	iu阴$_1$只$_1$~顾：只管	yu阴$_2$只$_2$~顾：只管	
əɯ走酒	iəɯ九优		
ai根嫩能	iai针真蒸贞春$_1$顺$_1$	uai困温	yai春$_2$顺$_2$
ei心新星立七	iei音英极激军$_1$匀$_1$	uei位屈弯曲	yei军$_2$匀$_2$
ɑo帮皇棒通风	iɑo装撞用		
ɔ屋六绿	iɔ竹$_1$浴$_1$		yɔ竹$_2$浴$_2$
ɑŋ般文党文	iɑŋ江文样文	uɑŋ关文光文	yɑŋ装文壮文
eŋ玎金属物撞击声			
oŋ咚鼓声		uŋ喏表指示叹词	
ɑoŋ嘭落水声	iɑoŋ喵猫叫声	uɑoŋ汪狗叫声	
m无有~母			
ŋ儿五			

3.单字调 7 个。

阴平	[24]	东高天三西医
阳平	[11]	头田排毛南梨
阴上	[535]	土九鬼手水火
阳上	[113]	稻坐近老两五，白十毒麦六肉
阴去	[52]	盖菜秤四线货
阳去	[341]	地饭字面路望
阴入	[55]	北七八福杀屋

二　连读调

汤溪话两字组语音变调的主要规律见下表。古浊入字在单字调中归阳上[113]，在连读调中与古浊上字有一定区别，所以这里把古浊上字和古浊入字分为阳上[113]、阳入[113]两类。表中各栏的上一行是单字调，下一行是连读调。轻声用“0”表示。

汤溪话两字组连调表

1 \ 2	阴平 24	阳平 11	阴上 535	阳上 113	阴去 52	阳去 341	阴入 55	阳入 113
阴平 24	24　24 　　0	24　11 　　0	24　535 33	24　113 33	24　52 　　0	24　341 　　0	24　55 33	24　113 33　24
阳平 11	11　24 113　0	11　11 113　0	11　535 33	11　113 33	11　52 113　0	11　341 113　0	11　55 33	11　113 33　24
阴上 535	535　24 52　52	535　11 52	535　535 52	535　113 52	535　52 52	535　341 52	535　55 52	535　113 52
阳上 113	113　24 11　52	113　11 11	113　535 11	113　113 11	113　52 11	113　341 11	113　55 11	113　113 11
阴去 52	52　24 33　52	52　11 24　0	52　535 33	52　113 33	52　52 33	52　341 24　0	52　55 33	52　113 33　24
阳去 341	341　24 11　52	341　11 113　0	341　535 11	341　113 11	341　52 11	341 341 113　0	341　55 11	341　113 11
阴入 55	55　24 　　0	55　11 　　0	55　535 52	55　113 52	55　52 52	55　341 52	55　55 52	55　113 52
阳入 113	113　24 　　0 —— 113　24 11　52	113　11 　　0	113 535 11	113 113 11	113　52 11	113 341 11	113　55 11	113 113 11

汤溪话连读调的详细情况，可参看曹志耘《南部吴语语音研究》第 113–123 页（商务印书馆，2002 年）。

三　小称音

汤溪话的小称音变以韵母变化为主，声调变化为辅。在个别情况下，全浊声母也会随声调的变化而发生相应的清化。

汤溪话基本韵和小称韵之间的关系如下（“→”左边是基本韵，右边是小称韵）：

ʅ→ʅŋ	i→iŋ	u→uŋ	y→yŋ
a→ɑŋ	ia→iɑŋ	ua→uɑŋ	
ɑ→ɑoŋ	iɑ→iɑoŋ	uɑ→uɑoŋ	yɑ→yɑoŋ
o→uŋ	io→iuŋ	uo→uŋ	yo→yuŋ
ɤ→ɯŋ	iɤ→iɯŋ	uɤ→uɯŋ	yɤ→yɯŋ
	ie→iŋ		
ɛ→eŋ	iɛ→ieŋ	uɛ→ueŋ	
ə→əŋ	iə→iəŋ		
ɯ→ɯŋ			
əɯ→əŋ	iəɯ→iəŋ		
ai→aiŋ	iai→iaiŋ	uai→uaiŋ	yai→yaiŋ
ei→eŋ	iei→ieŋ	uei→ueŋ	yei→yeŋ
ɑo→ɑoŋ	iɑo→iɑoŋ		
ɔ→oŋ	iɔ→ioŋ		yɔ→yoŋ

声调变化的规律为：

阴平[24]	不变	阳平[11]	变[113]或[24]
阴上[535]	变[52]	阳上[113]	变[341]
阴去[52]	变[535]	阳去[341]	变[113]
阴入[55]	不变	阳入[113]	不变或变[24]

〔索 引〕

1.索引分“词条索引”和“图片索引”两种。

2.“词条索引”按条目音序排列。条目首字如是《现代汉语词典》未收的字、方框“□”，统一归入“其他”类，列在索引最后，并标出整个词的音。

3.“图片索引”按图号顺序排列。

4.条目或图名中如有方框，在后面标出整个词的音。

5.每条索引后面的数字为页码。

一　词条索引

二　图片索引

引言

壹　房舍建筑

汤溪方言民俗图典

贰　日常用具

叁 服饰穿戴

肆　饮食起居

伍　农工百艺

陆　婚育丧葬

柒　岁时节令

捌　游戏娱乐

玖　宗教信仰

〔后记〕

2010年暑假期间，侯精一、李守业两位先生跟我联系，商讨编写出版一套方言民俗方面的图书的事。当时我正在考虑"中国方言文化典藏"的计划，所以一拍即合。7月28日，两位先生来到北京语言大学，我们在语言研究所会议室里具体讨论了这项计划，最后决定组织编写"中国方言民俗图典系列"丛书。该项目由语文出版社向国家出版基金规划管理办公室申请2010年度国家出版基金资助项目，于年底获批准立项。此后又被列入"十二五"国家重点图书出版规划。

编写方言民俗图典，先例只有伍云姬先生的《湘西瓦乡话风俗名物彩图典》（湖南师范大学出版社，2007年）。伍先生旅居澳大利亚，但多年来在湘西乡话地区跋山涉水，走村访寨，搜集各种即将消失的物品，拍成图片，编写出《湘西瓦乡话风俗名物彩图典》这样一本充满原生态文化气息、图文并茂的佳作，实在令人钦佩。记得湖南师大出版社后来也跟我联系过，打算把这个出版项目继续做下去，这确实是一个很好的想法，但不知为什么未能付诸实施。

好在语文出版社竖起了这面旗帜，而且从一开始就进行全面布局，通盘规划。在一个更高的层面铺开了这项大型工程。两年多来，经过课题组成员的共同努力，眼看第一辑的10本图典都快要完成了，着实令人高兴。

我接了课题后不久，阴差阳错地转到了行政管理岗位，工作性质发生了很大的改变。我时常担心我能否按时完成任务，会不会拖大家的后腿。好在几十年来，我一直在搜集积累地域文化方面的图片，对老家方言的研究也从未间断，所以编写起来还是比较顺手的。我的问题在于缺少整块的时间，而这是研究工作不可或缺的条件。为了改变这种状况，从今年起，每个周末我把自己关在办公室里，不开手机，不进邮箱，从早到晚编写图典，连去卫生间的时候脑子里也是在斟酌图典里的词句，似乎又回到了以前专心做科研的日子。经过将近一年的坚持和努力，我终于按时完成了《汤溪方言民俗图典》的编写工作。不过，这部书稿并不能说是我一个人独立完成的。在调查、编写的过程中，老家的父老乡亲给了我全方位的帮助：有的开车带我上塔石、下罗埠，在厚大源、莘畈源和兰贝源之间翻越穿行，有的帮我搜集资料、提供照片，有的则一次又一次耐心地回答我的电话咨询……

汤溪是生我养我的地方，我的专业使我这辈子无论走到哪里，都无法割断我和汤溪的联系。其实，更重要的，是汤溪的山山水水、语言文化已经深深地融入了我的血液，刻入了我的记忆。从这个角度来说，我编写这本书，并不仅仅是在做一项研究工作。

母亲给了我生命，也教给了我汤溪话，这本书里的每个词、每个音，都是从我母亲那里学来的。尽管她不认识一个字，我还是要把这本书献给我的母亲。但愿她能从中看到自己每天做饭的“镬头”[$\text{uo}^{113}\text{dəɯ}^{0}$]、冬天烘手取暖用的“火挈”[$\text{xuɤ}^{52}\text{tɕ}^{h}\text{ie}^{55}$]，以及2011年6月5日（农历五月初四）那一天亲手为我裹的“粽”[tsɑo^{52}]。

曹志耘

2013年8月31日于北京

白锡岡
高田
田
礼和堂
樹滋堂
燕翼堂
貽義堂